親愛的，你可以不那麼堅強

徐竹＿＿＿著

做自己很難嗎？

自《被討厭的勇氣》一書熱銷之後，一股「不怕被別人討厭」，勇敢做自己的心理在大眾的心裡滋生。讓我不禁想到早些年，也曾經寫過一本「做自己」的書籍，但因為時空的轉換，社會環境也與當年不一樣了，很多的思維也有所轉變，所以想寫一個全新有關「做自己」概念的一本書。

現今網路發達、教育水平不斷的提升，許多人開始正視自己的生命，覺得要「活得不一樣」。其實這樣的潮流很早之前就有了，而且從未停止過，只是不同的年代對於「做自己」有著不同的定義。但同樣都是發自內心的省思，想走出一條屬於自己的道路，不想為他人而活、不想在他人期許下失去自我，這都是一種成熟的表現。

科技沒這麼發達、網路世界還未如此風行時，我們可以選擇的娛樂及知識的來源有限，包括人際關係都很單純，你不用刻意做自己，很容易就知道自己是什麼樣子，因為單純，我們反而容易看清楚事物的原貌，包括對自己的認知。

現在的資訊眾多，訊息氾濫，人們的大部分時間都處於被洗腦的狀態，反倒讓我們很少有機會靜下心來思考，問問自己到底想要什麼？我怎麼想？我正在做什麼？我應該做什麼？看看社會有多少一窩蜂的現象就知道了。流行不是不好，而是你有沒有想過，流行套在你身上適合嗎？

因此，「做自己」變得不再那麼容易，因為你被大量的資訊，包括廣告行銷瓜分掉你的時間，一堆通訊軟體讓你懶得出門與朋友面對面交流，讓我們不知不覺產生對立，比較的心態，久而久之人際關係變得表象，缺乏深度的溝通，負面情緒大過於正面，妒忌多於祝福。

在現代社會中，做自己已經不像以前：「只要我想要，有什麼不可以。」而是抉擇這真的是我想要的嗎？這種生活真的是我想要的？甚而更進一層的思索我眼中的自己及別人眼中的我是什麼樣子呢？

你可以說「堅持自我」不再那麼容易，但可以做自己的「機會」卻增多了，只要你願意用開放的態度來看世界。如果你認為「做自己」就是當個異類、當個「反對者」，那倒未必，有時堅持當個平凡人，那也是一種「做自己」，因為這世界需要小螺絲釘、自然界也需要「小螞蟻」。

艾莉在《在最好的時候，遇見你》中說：「我們總以為自己沒有選擇。但不做任何選擇只是僵在原地，也是一種選擇，而妳大可選擇不要這樣對自己。」你不需要刻意跟別人不一樣，而是自我了解，覺知自己是什麼樣的人，你可以有自己的原則和堅持，懂得過自己的生活，這都是「做自己」。這個世界本來就沒有完全相同的兩個人，你就是你，不需要刻意討好，學會接受不完美且脆弱的自己。只要懂得從心出發，自然能找到屬於你的一條路。

CONTENTS

CHAPTER 02

自由的概念

CHAPTER 03

無須刻意討好

CHAPTER 04

別被牽著鼻子走

CHAPTER 05
找尋讓你自在的方式

CHAPTER 01

做自己很難嗎？

從挫折中找到屬於自己的生命之路

跌撞起伏就是人生。在歷經不斷地跌跌撞撞和反省之間，成就最真實、最坦然、最好的自己。

記得年輕時，「空姐」是很多女生的夢幻行業，我也和很多年輕女孩一樣，躍躍欲試，想去敲開這職業的大門。很不幸地，我落榜了。懷著無比的挫折感，我摸摸鼻子，再去找尋其他的發展。在換了兩、三個行業之後，我順利的找到了屬於自己的定位。

回頭想想，我真該感謝當年刷掉我的主考官們，因為他們比我更了解我並不適合那一行，提早將我推出來。

生命是一個慢熱且需持續累積的過程，這期間我們不斷嘗試任何的可能性，特別是在我們還懵懵懂懂的年紀，藉由跌倒、受傷、挫折、失敗來明白這個世界，究竟是怎麼回事，來遇見最美的自己。

與安室奈美惠並列為一九九〇年代東亞最具代表性時尚教主的華原朋美，受超級製作人小室哲哉力捧，演唱多首百萬名曲，隨後傳出兩人熱戀，她的演藝生涯更因此衝上顛峰。但後來也因為戀情失敗，二人分手，事業一路往下滑，她情緒低落染上藥癮。浮沉毒海多年，整個人猶如行屍走肉，還被家人送進精神療養院。

從小就對馬術情有獨鍾的她，花了五年半的時間戒除藥癮，減重，重新投入馬術練習，並於二〇一六年十月日本馬術公開賽，全程以零失誤的優異成績拿下冠軍。受訪時她說：「我的人生不斷地出錯，練習期間也很不順利，能拿下冠軍真的太高興了。」人生的旅途中，跌跤、遇到挫折、失敗時時都會有，這時不須逞強地告訴自己要堅強，你正好可以休息一會兒，累積再出發的能量，不要自責，過於自我責難，反而容易消耗積極行動的能量。你需要的是，學會不怕挫敗，所有的經驗都會是你未來的累積。

有些人面對任何事都可以得心應手，為什麼我就跌跌撞撞，費了好大的力氣，卻沒有人家一半的成功呢？在這個狀況下，肯定有很大的挫折感，而且往往打擊自信心，認為自己不如別人。但，情況真的是這樣嗎？在理想與現實之間、成功與失敗之間，往往產生拉扯。而這些拉扯，會讓我們覺得懊惱、困惑，甚至懷疑起自己是不是不如他人。

回想一下，你是不是也有些地方駕輕就熟，做得比別人好，而不是樣樣都比不上別人？

正所謂「跌過跤，才懂如何翻轉人生」，失敗並不是真正的輸家，有時反而是生命對你的一種「提醒」，提醒你往別的方向走可以做得更好，提醒你或許是因為選錯了目標，才會面臨現在的窘境。

我們過度吹捧所謂的「理想」或「夢想」，往往是因為我們受到了別人的影響，看到某人的光環，而從未真正檢視自己，到底適不適合現在走的這條道路。同樣的方向，你曾在某些情況下，有過傑出的表現嗎？

愛因斯坦說：「一個人在科學探索的道路上，走過彎路，犯過錯誤，並不是壞事，更不是什麼恥辱，要在實踐中勇於承認和改正錯誤。」當你被否定，並不代表你不夠好，試著往能尋回自信的方向去找，你才能真正做回自己，而不是幻想中的人物，被群眾的盲目崇拜牽著鼻子走。那並不是你要的，也不會讓你得到滿足。

以電視劇《軍師聯盟》而人氣飆升的大陸男星吳秀波，曾當過歌手、電視劇監製、音樂編輯，還做過商人，幾乎都是每個職業走到山窮水盡了，然後換個方向又重新開始。

吳秀波最初是劇團的演員，因為希望生活可以過得更精彩，他辭去了原工作，改當專職歌手，自己花錢製作了個人專輯，還賣出了人民幣十一萬版權費的漂亮成績，可最終還是沒紅起來。曇花一現後，他改行開髮廊、餐廳，卻都失敗了。最後他又重新當演員，也才有現在迎來功成名就的機會。

看上去，吳秀波真是「失敗」了好幾回，而且一點都不堅持，一行做不下去了立刻就轉行。可他從未放棄自己「選擇」的權利，一直在堅持——堅持讓生活變得更精彩。

我們都在不斷修正中學習，「理想」同時也是需要被修止的。光看到別人美好的一面，這不是我們需要關注的焦點，而是挖掘自己最擅長的一面，並朝這方向前進，那才是「圓夢」，才是我們該成就的道路。

能夠了解自己的人，只有你自己，你最了解自己的優缺點，旁人只能拉你一把，點醒你當下的迷惑，幫助你更了解自己，但卻沒有辦法代替你做出決策，所以有時候你該感謝那些帶給你挫折的人事物，讓你在陷入迷途當中有機會重新修正。

魯迅先生曾立志當一名醫生，相信醫學可以救國救民，但在日本學醫時他意識到中國落後的不只有科學，因此認為醫治人的身體不如改變人的精神，毅然棄醫從文，揮筆做槍，寫出一篇篇戰鬥檄文，成為舉世聞名的大文豪。

在現實生活中，有鋪滿鮮花的芬芳之路，也有遍布荊棘的挫折之道。所以，不要把挫折當成一種失敗，而是換成「被指點迷津」的心態，我們將擁有更多的機會，去迎向一個寬廣的世界。

傾聽正確的聲音

不要完全否定外在的聲音，有些人的提醒是出自善意的。

要想「做自己」，首先你要先知道什麼是「做自己」？是擁有一個好高騖遠、不切實際的白日夢？還是懷有一個能夠實現而腳踏實地的理想？是保有自己獨特的優點，然後大肆發揮？還是不顧他人感受、現實狀況，埋頭往前衝呢？

蘋果公司的聯合創始人之一史蒂夫．賈伯斯曾說過：「工作會占去你生活一大部分，要獲得真正的充實感，唯一的方法就是去做你認為了不起的事。要做到了不起的事，唯一之道就是愛上自己做的事情。」雖然如此，但那些無心插柳讓興趣變黃金的成功者，都不僅僅是單純地將嗜好變成夢想。一項心理學理論與企業領導人成長軌跡分析的研究證明，全方位的領導人除了具備百分之二十的業餘興趣外，還必須擁有百分之八十堅實的專業能力。

有些興趣你只能當成嗜好，想以此作為成功的目標，恐怕是一條漫長且永遠無法達到的彼岸。而你，分得清嗜好與專業兩者之間的差別嗎？

在尋找自己的過程中，我們可以嘗試不同的領域，尋找符合內心需求的路，可如果你嘗試很多不同領域時，都是一開始覺得很有趣，但一段時間後就說那不是我想要的、厭倦了，那你很可能把興趣和做自己搞混了。

有些人會告訴你：「不必在意別人的眼光。」或是你可能也聽過：「不要因為沒有掌聲而放棄夢想，你需要的是堅持而不是觀眾。」試想，如果我們連一個掌聲都沒有，你如何肯定這樣是對的呢？

這就好比一個人在馬路上橫衝直撞，不在乎其他路人、也不在乎設立的警告標誌，因為他不懼於他人的目光，用自己的一套標準來衡量一切，只會遭來四周厭惡的眼光，這不是在「做自己」，而是在挑戰別人的忍耐度。只有破壞性，沒有建設性。

我們必須了解，肯定自我的聲音，不單單來自於個人，很多時候也來自於他人的看法。你可以不顧那些阻礙你的聲音，但絕對需要一股支持你的正面力量，尤其是那些在專業領域上，有優異表現的人士對你的評價，這往往能夠引導你認清自己走的路正確與否？

如果只有你肯定自己，而所有的聲音都往反方向一面倒，這樣的「做自己」恐怕是「誤判」了情勢。

如果你認為做自己就是要與別人唱反調，一意孤行，遲早會踢到大鐵板。奧修曾說：「創造力是生命中最偉大的叛逆形式。」叛逆的能量並非不好，但一味的叛逆，或以為唱反調就是做自己，那不過是彰顯自己與他人不同，根據他人的想法採反面觀點來表達，說穿了就是仰賴對方的價值與意見，而不代表真的自由自主。等到發現無路可走，再來嘆息自己「懷才不遇」，那可不是別人的問題，而是太高估自己的實力。

的確，我們無須人云亦云，跟在別人的後面走，也不需要一竿子打翻一船人，這才是一種成熟的思維。

我們要做的是，對於別人的批評，需先冷靜下來，好好思考，那究竟是中肯的建議、還是無聊的奚落？他們是真心為我著想、還是酸民的瘋言瘋語？同時，我們也要趁此機會反省、檢討本身究竟能做到什麼地步？

當你看重自己，也必須傾聽別人的意見，尤其是那些具有真知卓見的人們。直到你有能力扭轉他人的看法時，那才是「做自己」的開始，才能讓你走出一條真正屬於自己的路。

「自我」與「自大」

「自信」是對自己充滿信心，「自大」則因過度的信心而看不起別人，這是在做自己的過程中，必須避開的毛病。

最近我看了一部日劇《我們是奇蹟產生的》，劇情講述總是不受常規和既定觀念束縛的動物行為學講師相河一輝與他周邊人發生的故事。其中有一段劇情我覺得很有趣，顛覆了既定的思考點，內容是我們耳熟能詳的伊索寓言故事《龜兔賽跑》。男主認為烏龜對於競賽和勝負都沒有興趣，牠只是在享受向前走的過程，為了享受美妙的世界，烏龜一直埋頭前進，而沒有注意到兔子的存在，也因此沒有叫醒兔子。男主一輝更認為兔子從來就是因為看不起烏龜，所以才選擇比賽。

以前我們認為想要成功就必須像烏龜一樣有堅持的精神，不到終點絕不能放鬆，但日劇男主的另類思考，給了我不同的想法——人在做自己想做的事時，會真正的感到愉悅，而享受舒適自在的美好人生。

無論你想做什麼，都必須先學會了解自己。試著覺知自己愛、喜樂、厭惡、不足……，走出一條屬於自己的路，不要過著人云亦云的生活，不因他人的期許而難為自己，就能找到自我價值的所在。但有些人卻會過度解釋所謂的「自我」，結果還沒認清自我，就先「自我膨脹」而成為自大了。

自大的觀念可能來自於原有的成就、或是家庭給予的豐厚生活，讓有些人歪曲了「自我」的定義。

做自己並不是以自己的眼光看天下，一味用自己的看法來定義這個世界，把自己當成宇宙的中心。「自大」與「做自己」完全是兩碼事。

每個人的心裡都有自己想做的事，而能做自己想做的事那是種幸福，在這過程中難免有阻礙你前進的聲音，你可以不在乎阻礙，堅持自己的步調，大步往前邁進，那是「做自己」。但任意用自己的觀點，沒經過衡量就隨意批判，那就是一種「自大狂」而非「自我意識」了。

自大猶如躲進了象牙塔，很難讓新的東西進來，逐漸形成狹隘的觀念。這一類人身上的這種行為特徵，就被稱為達克效應（D-K effect）——無知的人，根本不知道自己是無知的。

現代人經常犯的毛病就是，覺得自己很棒，這世界沒有你不行。這樣以我為尊的態度，反而導致我們在很多方面得到失敗及挫折，無論學業、婚姻愛情、職場、人際關係，都可能發生嚴重的問題。

曾經，「做自己」這個詞被無限上綱，隨便一個路人都可以說他要做自己，每個明星都在鼓勵人們做自己，演變到後來，沒禮貌也是做自己，白目也是做自己，無恥也是做自己，愚蠢也是做自己，「理直氣壯」忽略別人感受也是做自己——「做自己」變成一個最俗濫的口號，彷彿有勇氣得罪別人就值得被鼓勵。

做自己是自我意識的覺醒，是希望讓自己變成更成熟的人，而開始修正錯誤的步調，朝最想成為的那種人邁進。不傷害他人、也不會蓄意攻擊別人，只是移除路上的障礙。

你可以不妥協，但千萬別強迫別人一定要聽你的，無須刻意扭轉別人的觀念，但你卻可以努力改變自己。

因此，在「做自己」的過程，謹慎避開「狂妄」、「自大」的心理因素，也是成功的要件之一。

勇於平凡的力量

「拋棄」，也是一種勇氣。

有些人認為做自己是一種「潮流」，一種「時尚」，甚至把觀念導向一種自私自利、自以為是的概念，那就真的鑽進了狹隘的死胡同，曲解了「做自己」的真諦。

「做自己」不是為了做給別人看，而是內在的一種渴望，直到有一天，將它化為行動。

或許在這之前的你不是你真正想要的你，你一直被教導著、被塑造成你所抗拒的樣子，某一天你受到新的刺激，開始有了不一樣的想法，認為你不應該是這個樣子，你有你自己真正想要從事的道路。恭喜你！這表示你已經開始起步，知道自己想要做什麼？這也是邁向自我的第一步。

可是，做自己從來不是一件簡單輕鬆的事，你必須為它付出代價。光有理想和熱情是不夠的，因為接下來，你會面臨重重的挑戰，而這些挑戰想要將你推回原來的地域，不讓你脫離原來的軌道。這時，下定決心就成了很重要的一環，這代表你是不是有辦法拋開一切，重新開始。

對許多人來說，這是很不容易的，尤其當你已經有所成就，或是已經站在社會認定的地位，堅持走自己的道路，可能意味你的一切將歸零，重頭開始，去面對一個全新而陌生的領域。這就像離開原來安穩的窩，外出去面對未知，並不是每個人都有這樣的勇氣和毅力的。

換一個角度而言，如果你已經有所謂的成就，開始想要追尋自我，在這條道路上，其實你擁有比別人更多的資源，不用分心在那些繁瑣的俗事，更能專心追求夢想。差只差在這時候，你必須把自己「歸零」，甘於平凡，甚至失去你原有的生活和人際關係。

為了理想，你勢必得犧牲些什麼、拋棄你原先擁有的光環，但你追求的是生命的價值，那是無法以物質來衡量的。

真正做自己，不必在乎路人的眼光，過程中別人給你的評價與指教，中肯客觀的建言我們留下來，冷嘲熱諷則拋到腦後，你所需要的，是專心的往夢想前進。

我們每個人都可以成為夢想家，都可以改變自己，並且影響別人，這是在追尋自我中，慢慢散發出來的力量，而不是到處宣揚而來的。

因此，在你想做自己、走自己的路之前，必先衡量你能夠拋開原有的一切、過著最平凡普通的日子？能降低對物質的需求嗎？唯有拋開一切束縛，捨棄熟悉的舒適圈，繼續累積新經驗，你才能真正走出自己想要的路。

不要當別人的「影子」

不要追逐不切實際的影子，也不要成為別人的影子。努力做自己，展現最耀眼的光芒時，人生目的就會在眼前展開。

有時候我們會追求「影子」——在我們腦海中，最深刻的模糊影像——並在潛移默化中，不斷受影子影響，以至於我們像是在追求偶像般，尋找著跟「他」一模一樣的人物。

為何只是個「影子」，而不是真正的那個人？我想這跟人性中「逃避」的性格有關。當我們要不到原有的那個，往往會退而求其次，開始追求另一個類似的形象。

生活中我們很多人會為自己的圓滿，而偽裝成一個不真實的形象，以至於忘記自己真正想要的東西，活成他人希望或討厭的樣子，卻沒有活成自己喜歡的樣子。

想想，有時候我們不是也有類似的狀況，當我們得不到、找不到真正的那個人事物，於是退而求其次，找了一個「代替品」。為什麼會有這種行為？其實是出自我們無法接受失敗的打擊，特別是自己最想追求的目標，於是轉向追尋類似的「影子」，藉以彌補缺憾。似乎追求那些最容易得手的，然後安慰自己說，其實這也一樣。

我們欺騙了自己，等於放棄了努力，默認了自己的無能，不再給自己嘗試的機會，而用「代替品」來彌補那份缺憾。

在男女關係上，常常可以發現在一段戀曲無疾而終後，其中一方再次的戀愛對象，竟然跟前一個女友或男友很神似，似乎還沉溺在過往的情結？於是藉由另一個類似的對象，來延續自己無法與前任男友或女友的緣分。這聽起來很夢幻，像是小說或電影裡的情節，但在不少人的身上，卻是一遍又一遍不斷上演。

越是無法面對挫敗的人，越是會在傷痕裡回顧、沉溺，於是只能不斷尋找另一個影子。也因為如此，阻礙了一個人繼續前進的動力，也無法坦然接受未來可能的幸福。

然而，大多數人卻忽略了，這世上沒有完全一模一樣的人，即使外表、動作再神似，個性、想法必然有許多差異。當看清事實之後，恐怕又是另一場美夢的破碎吧！

歐普拉說：「有一天，我坐在攝影棚裡，雙腿交叉，想要學芭芭拉・華特絲播報新聞的樣子。但突然間我覺得自己很可笑，因為我永遠不會是芭芭拉。我明白了我做歐普拉會比模仿芭芭拉來得更加出色。於是，我期勉自己忠實地扮演好自己。往後我每天只做我自己，又賺到那麼多錢，簡直讓我太驚訝了。」

在我們的人生中，別去當別人的「影子」，而是要找出你的獨特性，才能展現自我，才能真正的「做自己」。

最近我看了一個可愛的童話故事，《大象的耳朵》。這個故事情節是這樣的：大象耷拉著兩扇耳朵，小兔子看見後就說：大象你的耳朵怎麼總是耷拉著，一定是生病了。小羊遇到大象也對大象說牠的耳朵有問題，小馬、小老鼠、小鹿都這樣說大象。大象心裡很不安，於是就懷疑自己是不是真的有病。牠看了看周圍動物的耳朵，發現牠們都是豎著的就自己是耷拉著。接下來牠就開始想辦法讓自己的耳朵豎起來，例如：睡覺時就用竹竿把耳朵撐起來，可沒想到小蟲子總是飛進耳朵，在裡面跳舞。當牠把耳朵放下後再也沒有蟲子飛進去。於是，大象發現牠的耳朵是有用處的，幹嘛要聽其他動物胡說。人家是人家，我是我。

是啊，人家是人家，我是我，為什麼要跟風讓自己和你們一樣。如果大象和其他動物長成同樣的耳朵，恐怕大象早就被蟲子折磨的暴跳如雷了，還能那麼溫順嗎？

這看似簡單的童話故事卻蘊含著深刻的道理。

我們有時也會像大象一樣因別人的流言蜚語而迷茫、猶豫，也曾因為一些衝動失去了理智，甚至有些人過分盲目地模仿別人，反而失去了自我，失去了生存的意義，那將是一件多麼可悲的事。

要知道，無論別人的成就再高、成績再好，那也不是你的。即使努力跟著對方的腳步，頂多只能模仿出一部分，卻無法完全取代對方，還不如做回自己，做一個全然獨立，能夠自我發揮的自己。

他人無法代表你

每個人都有自己的獨特性。

最近有人告訴我，他去問別人我是怎麼樣的一個人？對此，我感到很訝異，雖然我不是什麼重量級的人物，但會很好奇，為什麼有問題時，你不是找當事人，卻繞著圈圈，詢問一些不相干的人？

你收到的訊息是正確的嗎？是道聽塗說來的呢？還是隨口胡謅？許多演藝圈的花邊新聞不也是如此？很少直接去問本人，很多都是某人的「親朋好友」怎麼說。至於那些所謂的「親朋好友」又是誰——不敢公開姓氏，卻說與當事人有密切的關係，這些匿名者，說不定連當事人都不認識。那麼這些人的話能信嗎？

反過來想想，別人認為你是個什麼樣的人？還不如你自己知道你是個什麼樣的人來得重要。

即使是你最親近的朋友家人，也未必全然了解你內心深處的想法，何況那些和你沒什麼相干的人物？人有多面性，有時候聽到的未必是真心話。他所講的究竟是不是事實？也只有當事人曉得。

你是否想過，自己是個什麼樣的人？大部分的人經常對自己認識不清，以至於對其他人產生崇拜和羨慕，一味追逐他人的腳步，認為自己也可以變得和對方一樣，卻忘了每個人都有自己的優點，你不去找出本身的優勢，卻只會羨慕別人，不但對自己一點幫助都沒有，還容易陷入被他人利用的窘境。

想「做自己」，必須先了解每個人都有差異性，這世上沒有兩片一模一樣的葉子，更沒有兩個一模一樣的人，即便是雙胞胎，也會在個性上、喜好上有所出入。只是我們的教育常把我們洗腦成一個模式，讓我們不敢表達不同意見，更不敢與別人「唱反調」，以至於埋沒了自身的才華，使得大部分人看起來同質性很高，也沒什麼特殊的性格。

或是因為某件事物的啟發，或是時機到了，你才會開始正視這個問題——知道你和別人其實不一樣，你是獨一無二的。沒有人可以代表你，每一個人都有無可取代的獨特性。

因此了解自己、塑造出自己的獨特性、走出你的風格。不用跟在別人的屁股後面走，認清楚自己就是「名牌」，自己就能夠為自己代言。

即使遭受許多誤解的眼光，也不要害怕表現出真正的想法，反倒越是如此，你更應該肯定自己，證明你的無可取代。只要這是正面、不傷害他人的行為，為什麼不能放手去做？為什麼要輕易讓別人控制你，改變真正的你呢？

那些嘴裡說能代表你意見的人，反倒是最不了解你的人，正因為他們不尊重你，試圖拿你來刷他們的存在感。你又何必聽從那些聲音呢？

村上春樹說過：「不管全世界所有人怎麼說，我都認為自己的感受才是正確的，無論別人怎麼看，我絕不打亂自己的節奏。」世界上有一些人跟隨別人的腳步走，而迷失了自己，認不清自己，從沒有找到自己的路，庸庸碌碌走完一生。

世界上又有一些人，因為別人的冷眼和嘲笑，不敢踏上自己真正喜歡的路，做自己喜歡的事。到頭來，留給自己的只有悔恨和遺憾。

不要害怕表達自己，拿出行動來證明自己是個什麼樣的人？「做自己」讓別人心服口服，也讓自己活得理直氣壯。你的所做所為，就是你的行事風格，不要盲從，也不要害怕表現自己。

改變的「陣痛期」

任何改變都需要一段黑暗的過渡期。

我們為什麼會對一件事產生習慣？無論它是好或不好，好像不這麼做，全身會不舒服似的。漸漸地，它成了我們的日常。

心理學家驗證：「習慣會在十一天之後養成。」這句話在我腦海中留下深刻的印象。任何一件事情，持續去做、反覆進行，無論好壞，自然而然演變成我們生活的一部分。

就像我們習慣和某些人往來、如何處理工作、選擇什麼樣的休閒活動等等，我們習慣跟甲講的事情不會去找乙。正如同你處理工作或生活問題，也有一套模式，有時即使犯了錯、或是不夠有效率，一時間要改也很難改得過來。

當你回家的第一個動作是什麼？把包包隨手一放？還是會固定放在某處？鑰匙丟在哪兒？如果有一天，這些每日習慣的規律動作突然變了。你一進門，發現原本應該放在那兒的東西卻不見了，就會產生一種焦慮感，立刻四處尋找，直到找著了，才會覺得心安。一件家具在某個地方擺久了，你也會習慣有那個物品，更何況是我們的行為呢？

就拿男女戀情來說好了，一段要死不活的感情，在一起似乎沒什麼未來性，想離開又沒有動力，覺得「習慣」就好，於是這個習慣慢慢地滲透到日常生活，逐漸變成你生活的模樣。你是因為愛情才和他在一起呢？還是因為「習慣」？

好的習慣我們當然要珍惜，但不好的習慣呢？難道就睜一隻眼、閉一隻眼，無視它對我們生活的損害嗎？

如果我們不把那些惡習踢出我們的生活，等到它慢慢侵蝕我們的人生，當你發現事態嚴重，到時想要扭轉，就得費更大的力氣了。改得過來還好，改不過來，就只能繼續沉淪，這時候你將感到無能為力，覺得人生就這樣渾渾噩噩過了。

然而，人生真的只能這樣子嗎？

改變說起來容易，有些人想到要改變，就想偷懶，覺得還不如回到原本的生活比較安心。「改變」不是不可能。你可以把屬於自己人生的掌控權拿回來，只要先經過改變的陣痛期。

改變一定會歷經一段「陣痛期」。開始一定會辛苦，需要適應，但是必須有這個過程，你才會享受到中間的樂趣，既然決定要做了，就必須堅持向前。一旦你度過了那段期間，接下來就順手多了。就像剛搬新家一樣，你進到一間陌生的房子裡，還搞不清方向定位，有時候會因為一樣小物品不知放到哪兒，而找了老半天，找不找得著還不知道，倒是搞得自己心浮氣躁。接下來，你還得和陌生的鄰居交流，你需要一些時間去調適不同的環境，甚至忍受新事物所帶來的不便。

陣痛期雖然令人心慌，但它所帶來的改變，卻是讓人歡喜的，只要你熬過去。因為你明白這個改變，是將你帶到美好的未來。

林懷民曾說：「每個人應該創造屬於自己的風格，不必趕流行，走一條自己的路，或許孤獨，必須要付出很多代價，但會是值得的。」想要過自己希望的生活，其實很簡單，但必須持之以恆，先替自己設定目標，再用新的習慣去取代舊有的行為模式，這中間要有計畫性，以及正確的判斷，當經歷過這段轉變期，一步步達成目標之後，你將獲得一個全新的自己。

懂得包容別人的不同之處

「包容」是待人處事的智慧。

為什麼一個人會缺乏包容心？因為他從來沒有勇氣「做自己」，從來不曾為自己而活，所以他也不能容忍他人做自己。

有一回，我的旅程即將結束正準備從民宿退房時，工作人員跟我說：「一天二萬五千元，妳住了十天。」

「沒錯。」

我本來想，我只要拿出十倍的金額給他，事情就結束了，只是接下來的事，讓我意想不到，只見那個工作人員拿出計算機，不斷的按、用力的按，還不斷抬起頭來，露出尷尬的笑容說：「抱歉，等一等，我的計算機出了一點問題。」

我看了一眼那個已經快顯示不出字幕的計算機，盯著牆上的時鐘，估算著我的耐性到底可以維持多久？我是不是要直接告訴他答案？這樣的話，會不會傷及他的自尊心？

好不容易，那個人計算完畢，一副如釋重負的樣子，他微笑地跟我說：「請付費用二十五萬元！」只是多一個「零」，有這麼困難嗎？

但這個事件，讓我明白每個人處理同樣一件事物，會有不同的處理方式，對某些人來說，他們單純的腦袋，就是無法處理這些我們以為再簡單不過的小事。而這樣的人存在於我們的社會中，有時你還不得不仰賴他們。

面對他人處事的方式、觀點與我們不同時，我們應該多點體貼和耐心，用一種「寬容」的態度，不執著於對錯、是非，去包容他人與你的差異。而有些人口頭上雖然沒說什麼，卻用行為和小動作的不耐煩讓人感受到「受排擠」，如此一來就容易造成一種緊繃的局面。

「允許別人和自己不一樣，是包容；允許自己和別人不一樣，是讓自己自由。」只要多點耐心，包容他人的不足，這世界會更美好。更何況，說不定比我們有智慧的人，此刻也正在包容我們的遲鈍呢！

懂得包容每個人的不同，調整待人處事的態度而不失本性，並不會因此而失去你原來的自己，而是以更寬容、更寬大的胸懷，去面對不如你的人，這才是一個塑造獨立人格的必要智慧。

回到最初的單純

走在不屬於你的人生道路上，絕對不會快樂的。

每回，跟別人提到我出國旅行一事，最討厭聽到的一句問話，就是：「你出國是為了追尋自我嗎？」似乎受到了西方電影的影響，人們會有一種觀念，就是旅行是一種自我放逐、找回自我的途徑。

然而，不是所有人都需要「找尋自我」，也沒有那麼多迷失方向的人。很多時候，旅行就只是旅行，非常單純。我們實在不必把西方人的思維想得太高深莫測，而是學會如何去看待自己。

當我們置身在一個陌生的環境中，你不再被名利包圍，也不用承受那些對你有固定印象的人群，所施加在你身上的眼光，你沒有束縛，你在「做自己」當中，更加自得其樂。

就以小朋友來說，他們從來不需要刻意去討好誰、為誰而活，因此所表現出來的行為就是天性。

有些小朋友喜愛畫畫、那麼他的創作能力與欲望，一定比其他人強；如果他愛好歌唱，也容易沉浸在音樂當中，三不五時就哼唱幾句。這些都是自然而然，不為其他人，只是因為單純的快樂盡興而為。

在成長的過程中，有時因為家庭的環境、或是背負許多人的期待、生活中的挫折等等因素，人們走向了不同的道路，漸漸地，形成了不同的樣貌。有些人能夠幸運的隨心所欲，但也有很多人扭曲了自己的原貌。

但當你有自由的選擇時，人生是可以修正回來的，就只看你要與不要而已。你希望活出屬於你的人生，還是刻意「製造」出來的人生，端看你自己的選擇。因此，何必替自己的行為找藉口，你只要花點時間回想，就知道自己屬於那一種人了！

古天樂在網路上發了一篇文叫《走自己的路》，裡面是這樣寫的：「每個人所走的路，不會完全一樣⋯只有你自己的路，才是你必定經歷的人生，無論上坡或下坡，仍然不要忘記自己是向前走的。」旅行、求知只是讓自己多些人生體驗和智慧，幫助我們更了解自己，其實你的自我一直都在，只是等著被你喚醒而已。

不是成功後才去相信，而是先相信才有可能成功

在追求的過程中，能夠幫助你更了解自己。

所有新的事物都有風險，沒有人能預測你的未來是什麼樣的局面？但是嘗試過後，總比什麼都沒做來得好，至少你曾經努力過，將來也不至於遺憾。

我們都明白，「未來」是不可知的，但你怎知你將走的這條路，到底行不行得通？太多美好的想像，終究會敵不過現實。我還是要提醒你，當結局不如你所預期的，你有想過你該怎麼走下去？

認清「做自己」從來就不是一條容易的路，那不只是喊喊口號而已，你將面對的，也可能是失敗的命運。這並不是叫你放棄做自己，而是提醒你先

做好心理準備。

人生的路，不會只有一條，找到一個最適合自己的方式，這也是做自己的一種方法。即使那跟你當初想像的不一樣。現實和夢想之間，你若能取其輕重，再慢慢修正自己的目標，也不枉費你的一番苦心。

重點是，你嘗試過了沒有？如果你不嘗試，怎能發現自己的能耐到底在哪裡？

一個擁有自信的人，會勇於「做自己」，即使一路上跌跌撞撞，也不以為憾。人生，何嘗不是在跌跌撞撞中摸索，方能走出一條最適合自己的路？有時候別人的規勸，還不如放手去做，才知道問題到底出在哪？是自己認識不清，還是你根本沒去做？當然人也可能會有誤判情勢的時候，這也得經過嘗試才知道。你將會明白，「做自己」的收穫，是在過程，而不是結果。

在追求自我的路上，即使最後沒辦法成功，也能夠幫助你更了解自己，或許你還能發現自己其他的潛力，這也是認識自我的過程。

人最怕的是替自己設限，在還沒走出去之前，就認定自己做不到。那麼誰也改變不了你，沒有人幫得了你。

不要聽別人說你能做什麼，而是問問自己能夠做到什麼地步。凡事只要盡了力，不管結果如何，那都是對自己人生的一種交代。也能讓你覺得了無遺憾。

做自己並非是一定要達到什麼「功成名就」，而是印證生命的價值。我到底是什麼樣的人？我可以跟別人一樣好嗎？

每個人都有不同的特質和潛能，有人愛挑戰刺激，喜歡極限運動；有些人喜愛研究、有些人對藝術特別敏銳，正因如此，讓我們感到生命力的存在，體會到生命的美好。

不要被所謂的失敗擊倒，而是要從這些過程中，累積寶貴的智慧，而這些經驗將幫助你成為更好的人，這才是做自己的真諦。

CHAPTER 02

自由的概念

魔鬼就在你身邊

與其傾聽他人的聲音，不如傾聽自己內心的聲音。

這個世界越來越複雜了，想要「做自己」簡直難上加難，我們不得不承認，連所面對的問題都比昔日單純的年代，還要難上許多。不要以為可以把「環境」這個重要因素排除在外，每個人都會因為周遭環境的變化而影響到自己。

所謂的環境不只是你所居住的地方，當我們想走自己的路，第一個遇到的外在障礙就是「人」。

在你成長的過程中，或多或少有些朋友、家人或親戚這些人圍繞在你身邊，不斷對你產生正面的、負面的影響。教育著我們要謙虛、要聽取他人的意見，一旦有一天，你做出了他們意料之外的舉動，一定會把周圍的人都嚇一大跳，這時就開始有人會對你洗腦，拚命想挽留你，不讓你遠離他們所期待的樣子。

特別是固執的老人家，一旦讓他們知道你想改變，他們往往不能接受，未知令他們恐懼。於是他們開始千呼萬喚，苦口婆心地「諄諄教誨」，無非就是想改變你的心意，就是要「挽留」你。他們對你的控制欲，多過於對你的體諒與了解，這時，你能排除這些阻力嗎？

當然也不乏有開明的家長，但很可惜地，並不是每個人都擁有如此的父母，更何況「改變」代表你要離開舒適圈，可能會遠離原本習慣的生活環境以及親友，即使你覺得沒什麼，那些人可是會感到恐慌與不習慣呢！

如果你說服了他們，接下來還有更多的「魔鬼」會不時冒出來，包括覺得在你身上「有利可圖」的人們，開始見縫插針，試圖侵入你的生活，他們不斷洗腦，希望你放棄那些目標，加入成為他們的同夥。只要你一時不察，就會走偏了路，不僅離目標越來越遠，也回不去你原本的生活了！

當我們離開一個保護傘，就代表你暴露在風險下的程度增高，這是無庸置疑的。或許那是一個新的開始，然而你對一切全然陌生，你有可能會因而犯錯，更可能道聽途說被拐被騙。

但，這都是過程，也是一種經驗的累積，就看你有沒有足夠堅定的信心，可以不受牽制。

現實之中有很多誘惑，在端出利誘的金子時，會使你的夢想在相較之下，顯得低廉、沒有價值，那些都是容易讓人改變意志、甚至半途而廢的原因。

那些想把你拉回原本的生活，不斷告訴你前方有多危險、或是利用財物誘惑你，形成一股極大的牽制力量，就像試圖破壞你夢想的惡魔，即使他們不是真的惡魔，卻會不斷打擊你的信心，給予你一些負面的影響。

因此，你有沒有足夠的決心，是否能夠全力排除誘惑，在在考驗著你是否真的能為了想要的生活而付出代價，全心全力去實踐夢想？隔離那些雜音是一種辦法，有時候可能會捨棄一些人際關係，雖然聽起來有些冷酷和不近人情，但你得了解那是你的選擇，你的生活別人無從干涉。

只是你要有心理準備，就是在你成功之前，你無法得到太多掌聲。倘若你因此受影響，那就是你的問題了，因為你有權決定如何處理，如果連一點辦法都沒有，甚至被影響，受控制，那又如何「做自己」呢？

要搞清楚哪些聲音對你是有建設性，哪些只會破壞你夢想的，才能真的達到你所要的目標。

拾回自己的控制權

別讓他人的想法擔誤了自己的人生。

即便來自同樣的環境，都有可能會有不同的人格特質，更遑論，不同的家庭背景、不同的成長環境了。因此，在面對同樣一件事物時，有不同的想法、論點，這是很正常的。

有人順從事件的發生、有人會思考事件的演變，不同的人格特質，對同一個問題產生不同的觀點，也產生不同的影響。

像是科學家可能從汽水激發一套公式理論；生意人從談話之中找出賺錢點子；藝術家則看到一般人所看不到的美麗。當然，更多的人根本不會注意到這些小細節。你是屬於哪一類人？我想，你自己應該最清楚。這是旁人教不來的，是內心發散出來的一種天性。

人之所以會進步，是因為會「思考」。我們思考著怎麼進步，如何讓自己變得更好，而有所謂的「夢想」，進而創造不一樣的人生。而當中的「差異性」也說明「做自己」的重要性了。

有一句話：「三十歲以前的外表來自父母，三十歲以後就是自己要負責了。」把「外表」拿掉，換成「人生」兩個字也十分恰當呀！你想成為什麼樣的人，在你夠成熟之後，這就是要思索的問題了。

你可以選擇跟隨家人的腳步、也可以自創一格。把選擇權和控制權拿回在自己手中，由自己掌握個人的命運，這才是一個成熟的做法。

有些人聽從他人的話，是因為他們不敢為自己的人生負責。一個害怕失敗的人，他選擇聽從他人的話、順從建議，如果失敗了，還可以怪罪別人，藉口這一切不是「自己」的錯。

但是要知道，聽從他人的話即使獲得「成功」，但因不是你自己所爭取的成功，當然也不是「做自己」，更不用說如果失敗了，即使你可以怪罪他人，可結果仍要你來承擔，而當初建議你該怎麼做的那個人，卻依舊過著他的精彩人生。又或著，對方的人生也過得一蹋糊塗，你再聽他的話，豈不是讓自己跟他一樣糟糕？

所以，想要有什麼樣的未來，你必須自己順從自己的心意，並用心思考，別成為他人想要你成為什麼樣的人，他人的意志是他人的，你更應該擁有的，是自己的思考能力。

為自己的決定負責

他人無法為你的人生負責。

我認識一位德國太太，她在退休之後，回到她的家鄉定居下來。這個家不是生她、養她的原生地，而是遠於數百里的異鄉。她在那裡一手打造的王國裡，照顧先生，還把小孩養大。

我經常看她獨自搬運木頭、修理家具、幫客人解決許多疑難雜症，那些事情有些瑣碎繁雜、有些粗重，一般女人根本應付不來。

有一回，她拿出剛結婚時的照片給我看，我驚訝的瞪大了眼睛，完全很難把照片裡的人，跟眼前這個被生活折騰的婦人聯想在一起。

照片裡的年輕女孩身材纖細而苗條，輪廓分明的五官，看起來就是個美人胚子。她看到我的反應，神情也有些黯然，但很快地，陽光般的笑容又重新浮現臉上。「有時，我也會問自己，為什麼要待在這裡？」她說道。

「那妳不會想回去自己的國家嗎？」我問。

她睜大眼睛看著我，說：「這裡已經是我的家了，我的父母都過世了，我回去做什麼？當初我決定和這裡的人結婚時，我的父親就告訴我：『這是妳的選擇，妳必須對妳的人生負責。』」

聽到這樣的對話，讓我很感動，因為這是東方的父母很少會告訴孩子的道理。我較常聽到的：「還是就算你已經四十歲，或是五十歲了，在我眼中，你還是當初的那個孩子。」

雖然身在異鄉，生活很不容易，許多狗屁倒灶的瑣事往往把她弄得心力交瘁，但她還是撐過來了。「這就是我的家，我的莊園。」她展開雙臂對我說。

我看到她原本唯一的家園，旁邊不斷建造更多的旅館，把她小小的「城堡」包圍起來，但是她依然挺立在那裡，捍衛屬於她一手建立的家園。許多的遊客來來去去，但她依然在那。

每到傍晚，她在門口彎著腰拔草的身影，以及她開朗熱情的笑容，在我心裡烙下不可磨滅的印象。而她提到父親告訴她的那句話：「為自己的決定負責。」這句話也深深刻印在我的腦海。

有多少時候，我們習慣把遇到的挫敗歸咎別人，甚至說「都是某某人害我的」，習慣找一個「替死鬼」來替自己惹下的麻煩脫罪，或許這麼做能夠讓心情好過一些，但事實上你並不會從中得到成長。

懂得學習獨立，承擔決定後的成敗，這是學習「負責」的第一步，也讓我們能走出屬於自己的道路。

不論我們能不能事先知道結局，都得自己去面對問題。沒有人會幫你扛下那個攤子，如此也讓我們在做決策時，更加謹慎小心。

學習面對問題、解決問題，不再事事依賴他人，別人對你的影響力相對也就變小，更讓你能掌控自己的人生，同時也能得到你想要的成就感，而這一切，都從學會對自己的決定「負責」開始。

保持適當的距離

在尚未清楚對方的動機之前，先不要隨便接受他人的好意。

別人對你好、為你付出，你就覺得應該加倍回報，好像不這麼做，就是不懂得知恩圖報，這是個很大的錯誤，很多時候，事實並不像你想的那樣。有些「好意」，可能從一開始就別有用意，而一般人也不會一開始就察覺，認為人性本善，於是讓自己逐漸落入對方的圈套，最後騎虎難下，進退不得，甚至當你不依照對方的意思去做時，反遭致更多的污衊和罪名。

「不好意思」通常都是善良的反應，但這種善良往往成了別人利用的弱點。因為「不好意思」拒絕、「不好意思」不作回報，反而替自己引來麻煩，失去了一部分的自我，成了他人玩弄在掌心的棋子。

陌生人突然想跟你成為好友，不斷獻殷勤，讓你毫無招架餘地，很容易讓善良的你不知不覺把對方當成是「很夠意思」的朋友。等發現那些人在背後隱藏的目的時，早已經為時已晚，你已身陷進退兩難之地。

或許是因為你的名聲、工作專業、社會地位……，是他們可以利用的，等你真的接納對方成為朋友之後，對方開始做出一些不合理的要求。一旦你不依照對方的意見，對方一個反撲，莫名其妙把你踩在腳底下，比如：說出你也沒什麼了不起之類的話，或是從其他人那邊，傳來惡意的攻訐，讓你措手不及，不知道自己犯了什麼「天條」而深受打擊。

沒錯！你真的犯了錯，錯在事前沒有認清真相、仔細評估，就任由那些意圖不軌的人進入你的生活，讓那些惡棍肆無忌憚有了攻擊的機會。

有時候，你的心軟、善良，正中了他人的計。讓你不禁反問：善良不是良好的品行，怎麼到頭來反而傷害到自己呢？

品德不足以保護好人、懲罰惡人，那是法治才能做到的範圍。如果你有這方面的優點，也不要因而改變自己，而是在面對詭譎多變的社會，你需要更懂得保護自己。

有些交情，一開始就不要讓人趁虛而入，寧可先小人後君子，有了最壞的打算，總比事後懊悔來得好。

一個真心誠意想與你交往的人，絕對不會因為你的拒絕而不悅，而是能用更包容、更體諒的態度，看待你的回應。有誰規定，別人主動展現的熱情，你就必得接納？過度的熱情反倒更是假象，背後或許懷有某些目的。

想想，一個以利益來衡量對你的態度，這樣的熱情你需要在意嗎？虛情假意不需要你去掏心掏肺，你隨時可以走人，也可以跟著玩一場遊戲。但記得，那只是一場遊戲而已，別把自己搞得太認真了。

不是別人對你好，你就得照單全收，不要因為覺得不接受，就顯得自己無情無義。有時，你的客氣反倒造成別人的得寸進尺，認為你很容易「處置」，反倒變成他人輕視的對象了。

虛情假意的人，一旦有機會可以把比他們優秀的人踩在腳下，來換取他們生命中從未得到的「優越感」，這時他們可一點都不會「不好意思」的。

和人交往，一開始就得先保持距離，再從對方的反應和處事為人之中，拿捏你們之間的分寸，「逢人且說三分話，不可全拋一片心。」我們想要當個善良的人，也要懂得當一個保護自己的人。

別人對你的好，是真情、是假意？就讓時間來證明。記得，真正的朋友不會因為你不順從他的意思，就忘了對你的尊重。

強烈的動機

凡事必有強大的誘因，才能促使你捨棄更多。

有時候，我會想起生命中經歷過的美好事物，多半發生在工作和旅行上。想起自己看過的最美海灘，就是在經歷了從早上七點坐車、換車、換渡輪，直到晚上九點才抵達的海島。

當時傻呼呼的我，直到抵達彼岸，才發現當地剛剛經歷一場暴動，其實是很危險的。

住宿的旅館工作人員告訴我，那裡每星期都會發生多起搶劫案件，特別是針對觀光客，即便是坐滿四個老外的吉普車也照樣被攔下洗劫。所以工作人員的結論是：「出外要小心！」

不過，既然來了，總不能整天窩在旅館裡吧！我特別請了一個看起來殷實的當地人作為嚮導，在我們通過一段蜿蜒的峭壁斷崖，一路渺無人煙，前不著村、後不著店，我的導遊告訴我，這裡常發生搶案，我全身也開始緊繃起來。

通過了那段令人感到恐怖的崎嶇道路，映入眼簾的，竟是一片絕美的海岸線，那如寶石般碧綠的海水，洗刷著潔白的貝殼海灘，激起如純淨牛奶般的泡沫，讓人覺得所有的辛苦都值得了！

我不後悔必須經過那段驚險的路程，因為那個目的地值得這樣的過程。反觀我們的人生，不也是這樣嗎？

最美麗的風景，往往是經歷崎嶇難行的道路才發現：最甜美的果實，也必然是經過一番心血照料，才生長出來。天底下沒有白吃的午餐，最好的結果往往是最難得到的。

就像你想堅持自己的路，總會有很多困擾、挫折，還有很多反對的聲浪，這些人想把你拖住，阻礙你的夢想，讓你無法前進。而你夠不夠自信，能堅持多久？就看你有多大的勇氣去克服，又願意做出多大的犧牲。

「現實」的確是個需要考量的層面，但當你夠了解自己，並具備克服萬難的勇氣，最後的收穫會比預期還甜美，因為那是你用心血換來的。

你所懷抱的憧憬有多大，就決定你能為此犧牲多少，這種渴望像一股強大的力量推著你前進，最終必有所得。

誰都想走在平坦舒適的道路，但那樣的路太擁擠、也太平凡了，同時，唯有歷經崎嶇，你才能來到另外一處桃花源，一個屬於你的祕境。

現實與虛幻之間

拿捏好現實與虛幻的尺度，才是成熟的表現。

有一次，我在國外和一個朋友坐在路旁的小攤，喝著當地的廉價咖啡，配著兩塊錢買來的小點心，呆望著馬路對面的咖啡座。

入夜後，那家咖啡店開始閃爍著霓虹燈，霓虹燈一圈圈地轉動，看得人目眩神迷。沿著樹林深處望去，咖啡店的招牌很難不引起注意。我們都知道那是當地有名的特種行業。

「你最近怎樣？」我悠悠的問她。

「口袋快見底了。」我這個好友無奈地回答著。「那你呢？」

「也快空了。」

我們對看了一眼，都很有默契地再把目光落到遠處的霓紅燈招牌。朋友突然說：「那裡面應該很熱鬧吧！」

「是啊！應該大家都喝酒喝得很盡興。」

「還有男人幫女人付帳。」朋友的眼神渙散了起來。我似乎可以聽到她喉頭發出乾渴的聲音。「那麼……」

「那麼？」

朋友嘆了口氣。「為什麼我們就不能讓男人替我們買單呢？」

「你在想什麼？」我問。

「把去那裡工作當成頭號目標。」朋友指著那間咖啡店呼喊。

「真是個遠大的志向啊！」我也「口頭」上相挺，不知跟著興奮些什麼勁。然後，我們又沉默下來，笑意盪漾在臉上。

在這涼風徐徐的夜晚，我們輕啜著廉價咖啡，隨意開著不著邊際的玩笑，偶爾和騎車呼嘯而過的朋友打著招呼。

「再來一包花生米吧！」朋友的口氣終於恢復冷靜了。

我點點頭，付了一塊錢的花生米錢。

於是，我們繼續當「窮鬼」卻開心愜意的過日子，唯一不會忘記的是，那家咖啡店的招牌，曾在我們眼前閃啊閃地，散發著妖魅惑人的光暈。

生活已經太嚴肅了，如果我們把所有的事情，都用嚴肅的眼光去看待的話，恐怕會錯失許多的快樂，包括能跟朋友共同分享的話題。

那些經常圍繞在我們周遭，無奈或無力改變的現況，我們也可以轉換一種角度，用調侃的眼光看著它，也許生命就不會如此沉重了。

偶爾，我們也需要一些喘息的空間，而那些無邊的想像力正可以讓我們好好的抒發。

在想像的空間裡，也許和所謂的「道德」有所抵觸，但也因為它是「想像」，不是「真實」，只要不要無法自拔，並不會造成傷害。況且，那只是一閃而逝的念頭，同時你分辨得出來，那只是對現實一時抗議的念頭，而不是真的會去做，就像我那個朋友一樣。

我曾看過一個非常有趣的計畫，是由攝影師Alexandra Sandu發起的「白日夢計畫（The daydream project）」，在這個計畫中她希望能捕捉一千個真心微笑。每一位模特兒都是素人且自願參加，攝影師請他們閉上眼睛想一想開心的事，真實或想像都可以。有人因回想自己的夢幻婚禮不禁嘴角上揚；有人因想著老了之後還能有一起把酒言歡的老朋友而笑；有人因在腦中幻想下一段浪漫戀情而微笑……，偶爾做做這樣的白日夢似乎也是種調劑生活的好辦法。

你不用花錢去買「療癒小物」，也不必為了那些無可改變的事實忿忿不平，偶爾幽自己一默，調劑一下生活，是你可以掌握的。

能夠清楚幻想與現實之間的不同，並且還能從那些不切實際的想像中，得到一點小小的樂趣，在振作之後，重新出發，你才是成熟的人。

為所欲為的年齡

我們往往已經擁有了自由，卻又不懂得怎麼運用它。

對於你來說，年齡意味著什麼？六歲學齡兒童，可以過兒童節；法定成年的十八歲，可以自由過自己想過的生活了；三十而立，是成家立業的年齡……。約定成俗的傳統制約著我們多大的年紀就要做那個年紀應該做的事情，可是魯迅先生曾說過：「向來如此，就一定是對的嗎？」年齡不應該是控制你一生的生活的枷鎖。世俗的觀念和別人的看法，更不應該成為我們大步向前、做自己的阻礙。

我時常在外地旅行，有一次，我在國外和兩名友人租了車，在當地旅行。途中，我們看到一間小雜貨店，便停下來休息一下，吃吃喝喝。這時，我看見一位老婦人，她蹲在階梯上抽菸。

那名老婦人看到我們，一邊揮手打招呼，一邊聽著收音機裡的音樂，手舞足蹈起來，她那種樂天的模樣，吸引了我全部的注意力。

那時我手裡正叼著根菸，她看看我、我看看她，相視而笑。在一些較注重傳統的國家裡，女人抽菸顯得離經叛俗，不過我是觀光客，便不受這層顧忌。而她呢？「很少看到這裡的女人抽菸的。」我轉頭對我的朋友說。

我的朋友在這裡前前後後加起來快十年，已經算是當地通了，於是幽默地說：「這裡的女人要等到當祖母，再也沒有人管得到她，在家裡地位最大時，就可以為所欲為了。」

「那我很幸運喔！」我自嘲，同時心裡想著：好在我不是當地人，不必等到這種年齡才能解脫。

以前覺得很多事情是理所當然，像大聲地笑，或是出門逛街……，對於我們來說這是日常，但在一些不同文化的國度裡，卻發現原來自己一直活在幸福之中而不自覺。

像那名老婦人，用歲月來換取自由。讓我不禁聯想到，以前一個朋友帶我去他姊姊家，那個地方的婦女幾乎二十出頭就嫁人，他的姊姊年紀比我小得多了，卻已經是兩個小孩的媽。只見她一手抱著寶寶，還得追著另一個五歲大的頑皮鬼，整個人顯得疲憊不堪。

她向朋友抱怨生活上遇到的諸多挫折，對我可以一個人到國外旅行感到很不解。

「你也覺得我很奇怪嗎？」當時我反問朋友。

「當然，這裡的女人哪敢一個人跑到國外去，光是想，都會讓她們害怕得不得了。」那位朋友笑著說。

我們真的是不同世界的人，我成長的地方，真正能任性而為的年紀卻是在結婚以前，而不是年老體衰了以後。

而我慶幸的是，幸好我把這段時間拉長了，沒像其他朋友急著一頭栽進婚姻裡，才能在這個時候站在這裡，沒人管得了我。我想要的自由，不必付出極大的代價。

當我們在喊著要自由的同時，有沒有想過，其實你已經「自由」了？因為你還保有呼喊口號的權利，而有些地方、有些人，卻是連這一點都未認知，甚至連想都不敢想。

不同的國度，不同的文化，存在著「自由」的差異，當你以為有些行為是理所當然的存在，對其他人來說，卻已經是奢侈了。而這些小小的自由，對我來說，竟然有了微微的幸福感！

而，你的自由，又是什麼呢？

在「時機」來臨前做準備

想要與眾不同，也得耐心等候最佳時機。

有些人具有開創的性格，他們總是跑得很前面，結果時代潮流還未及，遂搞得自己滿身是傷；有些人則慢了半拍，讓別人趕在前面，最後落得失敗收尾的下場。

有時候不得不承認，「時機」的重要。有夢想是好的，但要實踐夢想的「時間點」也很重要，在不對的時間出走，就像遇上不對的另一半，往往遭受慘敗的命運。

什麼是時機？我們可以把它解釋為「準備」、「計畫」和周遭環境的支持。假設你想徒步環島，沒有健康的身體也是枉然；你想實現周遊列國的夢想，但口袋不夠深，可能一個意外，就讓你卡在某個國家進退不得；或是想把你的興趣化為工作，過著自由SOHO族的生活，但接案不順利，又沒有備案，就無法繼續過日子……很多事情都必須見機行事，才不會白白浪費許多氣力。

一位朋友當初因為厭煩了朝九晚五的工作，聽一位老同學說在海外做生意，而且做得不錯，也想跟對方一樣，於是在一次和這位老同學出國後，就決定留在當地。

跟那位老同學不同的是，他從來沒有經營事業的經驗，就把大筆資金投下去，包括跟親友借貸來的金錢、還有自己工作十幾年所存得的資金。但是，他對當地民情的不了解，很快地，預備金在一年內燒光了，更沒想到的，是當時在他面前炫耀的那名老同學，最後竟然捲款而逃，再也沒有出現在他的面前。

這位朋友不但失去了所有積蓄、還背了一身債，最後只好落寞回鄉，重頭來過。

不同的是，他回國後，狀況沒有更好，背負著大筆債務的他，簡直透不過氣來，恐怕未來十年或更長的二十年，他都得作債務的奴隸。

他真正「做自己」的階段，不過是那短短的一年，卻得用未來的青春來償還。你說這值得嗎？

做自己不是一味的莽撞行事，必須預先鋪路，等待最佳的時機，方能出線。這時機可能是剛好巧遇貴人，或是你存夠了生活準備金，已經有了合作對象等等，待一切水到渠成，才可以去「做自己」，而且屆時你所遭遇的困難阻礙也可能仍會面臨。

如果那一天真的來臨，那麼，這時就別再猶豫了，放膽去做吧！

只是在做自己之前，要先認清自己有沒有做自己的能耐？否則，就得預約未來的日子，來償還過去所欠下的有形或無形的「債務」，是非常冒險的。

不要預設立場

你怎麼能對未知的未來做任何想像呢？

有一回，經過車站附近，我看到一處空地上圍了圈紙板，那紙箱還會晃動，我好奇探頭看了一下，原來是一位阿婆坐在中間。應該是流浪漢吧？我當時是這麼想的。

那天天氣有點寒冷，我想到附近買個東西，但還是忍不住回頭望了一眼。看見那個阿婆瑟縮的躲在紙箱所搭建的圍牆裡，我心軟了一下，但還是沒有行動，這環境已經把我教成太冷漠了。

等我買到想要買的東西時，心想：「雖然我不是很富有，但隨手買個東西根本不算什麼，為何吝於給對方一點經濟上的援助呢？」於是我回頭，只見那個阿婆還在翕她的紙箱，於是我遞了點錢給對方。

那個阿婆手裡抓著錢，卻突然抬頭問：「我要不要給你什麼？」剎那，我幾乎說不出話來。我知道那阿婆不是長期的流浪漢，因為已經習慣當流浪漢的人，是不會說出這種話來。

是的，有多少人會認為，當一個人給予你什麼時，你該想的是要如何回報對方？尤其是在沒有利害關係的陌生人之間。這是一種高尚的品德。只是在現今社會逐漸被遺忘了。

我不禁有深深的感觸，為什麼這種個性的人會流落街頭？如果社會上那些有錢有勢的人能跟阿婆一樣，記得當別人「給予」的同時，也懂得「回報」，那麼我們的世界不是會變得更美好？

這段故事想提醒的是，千萬不要「預設立場」，無論對人、對事，甚至是自己的未來，過多的假設，都不如實際去接觸，才能了解到真相究竟是怎麼一回事？

你可以做到的，別人未必可以，因此不要過於在意那些反對的聲浪。大多數人對於未知、陌生的事物較易產師畏懼，但害怕、不安，都是你的自我想像，如果你能在害怕時先預先做好安全網，多準備一條救命繩索，不要輕信別人曾經失敗跌倒的道路，你也一定不行。因為大多數人會對陌生的事物產生畏懼，或者他們曾經失敗跌倒的道路，認為自己不成功、別人也一定不行。但你不是對方，你怎麼認為你就不行？

把人生比喻成賽跑，總有人第一名、也有人吊車尾，當衝出起跑點的剎那，每個隊員就成了你的競爭者，你不是輸、就是贏。同梯的跑者都希望別人是輸家不是嗎？

如果你想得第一，當然必須贏過所有的人。同樣的，在你決心做改變時，也有很多人不希望你超越他們，那你需要受到那些話語的影響嗎？客觀的建議可以參考，但主觀的看法真的無庸理會，即使「聽說」前方遍佈了荊棘，那也得實際走過一趟才知道。

或許我們做了過多的「預測」，往往被事先預設的立場給牽絆，後來才會發現，原來許多事情並不如我們一開始所想像的那麼糟。

不要被環境制約

有時候我們只是把自己放在不對的位置，並不代表你本應如此。

我在著名的觀光城市裡，遇到一個人。他生活的唯一重心就是工作，收入僅夠他在城市裡租一間小套房過活。

他向我訴說，有時，他也懷疑這樣的工作對他有何意義？我問他：「那為什麼不回家？」他這麼回答：「人都需要一份工作做的。」

他說他在這個城市裡很寂寞，他的好朋友都在家鄉，整個村落的人，都是他的朋友。所以，每到了放假日，他寧可騎四個小時的摩托車，也要回到充滿人情味的家鄉。

「村落有多少人呢？」我問。

「兩百多人吧！」

「那你有兩百多個好朋友喔！」我誇張的大叫。

此時，他臉上露出得意的笑容。「是呀！」他回說。

「在這裡呢？」

他的笑容迅速凍結。「這裡的每個人談的都是錢、錢、錢，我說過的，沒錢就沒有朋友。」

他是個善良的男孩，像他對我的幫忙，從來分毫未取。我忽然想起我所居住的城市，以及和他類似背景的人們。

但，像這樣單純的人，不久後也將變成這個都市的一部分，和所有離鄉背井工作的人一樣，他們開始把任何的幫助，都看成利益去換算。他們會把別人的善良，當成可利用的工具，而其理由是為自己換取更好的生活，逐漸形成都市人的模樣。可見一個環境對於人的影響力有多大。

你想成為什麼樣的人，很多時候取決於你的環境。在我們的成長過程中，難免和周遭環境有密切的關聯，於是形成不同的人格特質。

有一種人會反思，即使來自惡劣的環境，他也會將之作為借鏡，努力掙脫束縛，讓自己變得更好，正所謂「出污泥而不染」。

另一類則是有點半放棄，隨之融入環境，即使狀況沒有改善，也不覺得怎麼樣，因為左看右看，旁邊都是一堆跟他類似的人，便逐漸失去了上進心，索性一起沉淪。

有時候，我們不被環境認同，並不代表你就是「社會邊緣人」，注定要被埋沒，而是還沒找到跟你投契的人們。

你是想被環境制約？還是去尋覓、開創一個更適合你的環境？這就是做自己的「起點」。

正因為我們不想成為自己討厭的那種人，我們還有抱負、夢想等待實踐，於是個人特質就會逐漸成形。這些都代表你，沒有人可以取代，或告訴你該如何做？

一個人唯有掌控自己的人生，才有資格說是做自己。

美籍華裔作家伍綺詩的處女作《無聲告白》中有這一一句話：「我們終其一生，就是要擺脫別人的期待，找到真正的自己。」不跟環境妥協，並不代表你就是個「異類」，而是你比別人更有想法，更珍惜自己的人生。

因此，當別人告訴你「應該」怎麼過你的人生時，你不需要向對方浪費唇舌去解釋，而是要問自己「想成為什麼樣的人」？並且從那個環境力爭向上，這也是對自己的生命負責。

CHAPTER 03

無須刻意討好

降低對物質的欲望

每天我們都有新的機會，做自己的主人，選擇自己對待世界的方式，降低對生活的欲望而不是讓外在左右自己的高低多寡在患得患失之間模糊自己。

蔣勳曾說：「我認為，有比較之心就是缺乏自信。有自信的人，對於自己所擁有的東西，是一種充滿而富足的感覺，他可能看到別人有而自己沒有的東西，會覺得羨慕、敬佩，進而歡喜讚歎，但他回過頭來還是很安分地做自己。」一想要做自己，最重要的就是不要輕易被環境所左右，要堅守住自己的原則，瞭解自己的欲望，然後你會得到釋然，覺得自在，這需要很大的毅力。畢竟，在這個金錢主義掛帥的社會，「物質」往往是最難克服的一關。

西域取經的唐三藏，在成功之後，後人穿鑿附會、加油添醋，寫了許多誇張的故事，甚至寫出了「西遊記」，忽略了當事人為了完成理想的艱苦。說明了堅持目標，真的沒有想像中的浪漫和有趣，其中還得忍受寂寞。

在通往理想的過程中，會有許多的物質引誘你，讓你不得不放棄理想。還有，在這過程中，可能沒有掌聲、原來的朋友離你而去，甚至只能啃麵包配白開水過日子，你能夠忍受嗎？有些人因為無法忍受孤獨，害怕被其他人遺忘，導致他們紛紛半途而廢，這也時有所見。

也許你會抗議，某某人不也是成功了。他走出屬於他的路，樹立了自己的「品牌」。想想，你是否遺漏了什麼？你是否探究過這位「成功者」先天的條件和背景？先天就具有優勢背景的人，如果再加上個人努力，會比一般人更容易成功。

但也不代表一般人就沒有機會，要看你對「成就」的定義是什麼？

如果你是個很有原則的人，能夠抗拒許多利益上的誘惑，達成你的目標和夢想，那就不要拿「物質」方面去和他人比較。回頭去查看一下歷史的軌跡吧？許多公認的「偉人」都不是什麼首富，但為何能贏得世人的尊敬？

我們可能都忘了那些偉人，而太常去注意「富比士」的排行榜了，這才是一般人很難做自己的原因。然而，「富比士」的排行榜常常在變，而被歷史公認的名人，名聲卻永遠流傳，足見物質不是證明一個人的價值標準。

想要堅持自我，不流於世俗眼光，需要相當大的勇氣，這不是一條容易走的路，所以，需要有更大的堅持和不妥協的勇氣，才能堅持下去。

堅定的信仰

做自己是來自於內心堅定的信念。

想要長久做自己，就得看你有沒有堅定的「信仰」。這裡的「信仰」指的並不是求神拜廟、燒香禮佛的「宗教」，而是心志上對於自己的一種堅持。

「信仰」代表著你的信念，是一種處世的原則，也是自我實踐的目標。這兩個字看起來空泛，卻是行動力的基礎，就像一個建築物的根基如果打不好，又怎能冀望它又高又穩？

誰都希望生命能夠放在追求美好的事物上，但這不是一蹴可及的事，還需要多方面的配合，越是理想的道路，所遇到的困難越多，就要有耐心去克服，也包括對自己的信心。

當你認為是對的事情就堅持下去，不懼於他人或外在的威脅而動搖，這份勇氣就來自你的「信仰」。

有些人信仰的是科學、有些人的信仰是藝術、有些人對英雄崇拜……。這都是一種正面積極的思考，也跟個人的原則有關。心志堅定的人，會守著自己的「信仰」。

如果你把利益擺在最前頭，往往很難做自己。信仰正足以幫你避開那些利誘，使你堅定意志，不受到世俗標準的影響。

有些人財大勢大，以為自己可以得到世界上任何一樣東西，但他真的沒有缺憾嗎？這樣的人恐怕很難得到真心，因為圍繞在他身邊的，無非都是想攀附權勢者。反而一般人得到的，卻是這種人最感遺憾的事物。

因此，想要「做自己」，首先，你便要去除羨慕、嫉妒的心理，並相信你可以成為什麼樣的人，也探索你可以過什麼樣的生活。

我有一位酷愛到蠻荒世界探險的朋友，他從來不用社群軟體，總是一個人獨自行走。一般人會以為他古怪、孤僻，可與他實際接觸、交往之後，就會發現對方是個非常好相處的人。他，就是在「做自己」。

《商業周刊》執行副總編輯張毅君曾說過：「先有夢想，才有成就；夢想絕對是製造成就的第一步。」一個人若對自己失去了信心，便很難有所成就，強大的信心是讓自己能夠堅持下去的原動力，尤其是沒有任何人支持你時，除了「相信自己」，你還能怎樣？這是對自我的堅持，也是你能完成多少理想的最大精神支柱。

村上春樹在日本文壇，是個別具一格的作家，不僅文風獨特，為人處世也和常人不同。他曾說過：「不管全世界所有人怎麼說，我都認為自己的感受才是正確的。無論別人怎麼看，我絕不打亂自己的節奏。」他知道自己想要什麼，想做什麼事，即使遭遇他人的反對，他也會去做，不想做的事，別人一樣無法強迫他一分一毫。

做自己的目的不在功成名就、也不是要贏得誰的心，而是你對生活的一種渴望，感覺存在的價值。

當身處越來越複雜的社會，人群越擁擠、關係卻越疏離的世界，你是否也在找尋內心的一個「烏托邦」呢？

而你，相信什麼？

保持對生命的熱忱

我們會因為很簡單的「希望」兩個字，而對生命燃起熱忱。

不知從何時開始，坊間流行所謂的「厭世觀」——各種厭世的形象紛紛出籠，連寵物的照片都被修成了「厭世派」，似乎象徵著新世代對未來的無望、對世界充滿無力感。其中當然不乏幽默的反諷，不過也隱隱可以看出這個世代的人們內心呈現的意識。

其實年輕一代對未來無助、徬徨，不只發生在國內，在先進國家的社會中也處處顯示。

他們覺得環境對他們不公平，忿忿不平，他們覺得自己擁有才華，卻有志難伸。認為跟上一代相比，他們已經失去機會，這種狀況在全世界都在發生著，而且每一個世代都在輪替。

很少有父母會跟子女提及，他們那時候所面對的挑戰。每一個世代都經歷過對未來的茫然與不安。如果我們只能用消極的態度，去面對我們所處的環境，那麼，十年、二十年過後，等這些年輕人都變成中老年人，狀況也一樣不會改變。

誰在年輕的時候，不徬徨？誰的青春，不是在摸索中成長的？鮮少有人能夠在年輕的時候就確定志向，除非是絕頂幸運、非常聰明的一群人，一般人不一定有這個能耐。

挫折是難免的，不安更是揮之不去，如果因此而產生「厭世」觀，那就是一種鴕鳥心態了。等於還沒上戰場，就宣告自己已經認輸了！表明了自己無力，也無能想去改善現況。

但我們也發現，還是有許多年輕族群，他們積極參與社會活動，更加投入熱情與體力，他們想改變現況、開創未來。這兩個極端的觀點，就看你想站在天平的哪一端？

在我們求學的階段，生活目標是為了考上心儀的學校，得到好成績，因此我們很清楚目標在哪？知道自己要做什麼？並把所有的心力都投入到課業。

可是，當進入社會之後，那些目標像是消失了，進入職場，再也沒有人在旁邊呵護、叮嚀，沒有人告訴你該做什麼？一切都得靠自己，家庭可提供的力量多半到此為止，除非家大業大，可以繼承家業，否則大部分的人都得獨立面對未來，開創自己的人生格局。

雖說學歷不是萬能，但年輕的時候因為茫然，不知道自己能做什麼？那麼，趁著年輕的時候，吸取知識，至少不會浪費時間，這在慘綠少年時，也不斥為一個方向。

然而，在青少年成長期，已經沒有想法了，出社會之後，還找不到人生的方向，還在徬徨，再經歷現實的挫折，推翻了過去的設想，就會變得鬱鬱寡歡，開始失去希望。人最可怕的，就是失去了希望。

希望，是對生命的熱忱——那種無畏的的勇氣，認為沒有什麼事情是不可能的，不輕易跟現實妥協，即使再多的挫敗，都不能阻擋開拓的決心。這樣的生命才是活躍的，才是一種寬廣的人生。

一個人永遠不知自己的潛能有多大，別在踏出第一步之前，就自己把自己唱衰了！很多事情總是要去做，才知道結果，不是嗎？或許你就是下一個愛迪生、富蘭克林、莫札特……只要你努力堅持下去，沒有人可以阻擋你的成功，也沒人可以否定你。

人生最可怕的，就是自己把自己侷限住，以為一輩子就是如此了。什麼都還沒有做，什麼都還沒有嘗試，就急著否定，是不是太早了？要知道，你懷抱的夢想有多大，你能擁有的成就就有多高！

重點是，你敢不敢作夢！

給他人一個空間

順從不一定來自互動。

有不少人不懂得人與人之間該如何互動？特別是具有「強迫症」性格的人，他們看不清他人不喜歡與之結交，為了一點理由懷恨在心、斤斤計較，又或是反應遲鈍，一味想著要和對方親近，卻全然不顧對方想不想接受，鬧到最後，不歡而散，讓彼此的關係更加惡化。

有一回，我在觀光區被一些做生意的人騷擾得厭煩透了，經過一間小店前，忽然有一名年輕人趨前向我熱情招呼，我立刻生氣的瞪回去。但那人的反應卻令我詫異——

他突然舉起雙手作投降狀，然後微笑著說：「It's alright!」

我明白他的意思，他尊重我，不論我對他怒顏相向，他也不在意，他不會強迫我接受他的熱情。

在瞬間，我愣了一下，立刻轉為笑臉相迎，客氣地詢問著的名字。然後雙方很自然交談幾句，在溫馨愉悅的氣氛下，結束了這場相遇。

後來，我再也沒遇到那位開朗的人了，但一整天，我的心情都為之愉悅。因為他尊重了別人，也改變了對方拒人於千里之外的態度。因為這樣的互動，令我有了一整天美好的心情。

人與人之間的互動，「尊重」很重要，尤其是素未相識的兩個人，你不認識我、我也不懂你，有時會因為膚色、種族、不同文化、生長背景，而讓我們先有了成見。你以為過來的是另有目地的人，或是一般印象很差的族群，事實上，卻未必如此。

我在國外旅遊時，為什麼喜歡和西方人走在一起？那些白種人，有些人會帶著歧視亞洲人的眼光，但，他們的表情你一開始就看得出來，你知道何時該閃遠一點，也不至於讓自己落得尷尬的局面，這樣的坦白也好。至少你看得出來，知道該如何因應？每個人都可以有個人的觀點，你不能強迫別人一定要喜歡你，或是拋棄成見。

人與人之間的互動，就像乒乓球一樣，一來一往間，要有人接招，有人將球反擊回去，也許有人漏接，也許有人強勢回擊，但無論如何，在一來一往之間，我們學習著適應對方的反應，揣摩對方的下一步，最後達成一種「共識」。

對照那些不知看人臉色，帶著強迫症性格的人，我對於那些明白表露出對亞洲人好惡的白種人，反而更知分寸，因為他們給你足夠的空間，讓你有機會決定要不要與他們親近。

你，又怎麼看呢？

人生樂在相知心

孤單不代表被孤立，而是還能保有自我的生活方式。

無意間在網路上看到一句話：「某某人沒有朋友。」不禁讓我感到錯愕。不知道從什麼時候開始，有沒有很多的朋友，成為評量人的一種標準？「富在深山有遠親、窮在鬧市無人問。」現代社會看一個人有沒有很多的「朋友」，就可以推測出他們的身分背景。而看起來似乎擁有廣大朋友的人，身分背景多屬於有權有勢者，這些人不但不愁沒「朋友」，還有許多人爭相巴結，希望能當上他們的朋友。

有沒有朋友很重要嗎？在台灣社會有錢的話，還會怕沒朋友？重點是你有什麼樣的朋友？還有你又是什麼樣的人？如果光用「朋友數量」去貶低他人，也不是什麼高明的手段。牛津大學也有一項研究說，我們所能應付的最多朋友數量是一百五十人，是不是很有趣呢？

這就像現在網路時代盛行的「臉書朋友」一樣，有人擁有上限高達五千個「臉友」的數量，你想加還未必加得進去。但誰又真正關心過對方？在你生病時，誰會陪你去醫院？在你脆弱時，誰是你最忠實的聽眾？甚至在你茫然時，誰會給你中肯的建議？

網路世界和真實人生，經常有類似的狀況，太多人想攀附名聲，認為一旦成為某位名人，或是社會地位崇高者的網友，就覺得自己好像也提升了身分地位。

這就像因為認識了名人，就經常拿來說嘴，談論得好像有深厚的交情，但真正去問對方，得到的回答往往是：「他是誰呀？」

一旦你有名有利，最缺的不是朋友，而是「真誠的友人」。

當你覺得自己沒什麼朋友，那表示你很清楚自己是什麼樣的人，你可能不愛同流合污，善於擁抱孤獨。

有時候我們不得不處於與自己格格不入的群體中，這時如何堅持自我，保有良好的格調，就必須堅守交友的原則。就像愛情跟婚姻一樣，如果只是因為害怕孤單，怕被孤立，而隨便找一個對象。找到好人家也罷！一旦發現那是個錯誤，往後可能賠上十年、二十年，或是一生都有可能。

在聽過以及自己經歷過幾次的與朋友的旅行後，清楚的明白旅行是檢視關係的最佳方式。在平時交往上不覺得，但兩個不合適的人共同旅行，那友誼的小船可是說翻就翻的。人生的旅程亦是如此，有靈犀相契的朋友與你並肩而行，能讓你的人生擁有更廣闊的視野。

俄國的地質與地理學家奧勃魯切夫說：「我們需要真理，僅僅需要真理。千萬不可設法逢迎朋友，遷就師長，不得罪任何人。縱然在這條路上，你可能找到寧靜平安，但是絕不會得到任何根本的好處。」尋求一個與自己同調性的朋友，這才是能真正享受美好友誼的關鍵，而非一群狐群狗黨，或是奉承你的人。

朋友的數量多寡不是重點，重點是，他有沒有心？對於那些會用「有沒有朋友」這一點，來作為評量一個人的標準，那就真的是一個膚淺而且非常無知的觀念了。

大智若愚、大巧若拙

與其浪費時間去跟不對的人爭執不休，不如敷衍以對。

這個世界充斥著太多的謊言，讓那些單純而願意相信每句話的人，往往陷於混亂。

在這個社會，依舊保有坦率的人，常常被混亂而矛盾的言詞排擠到邊緣，就快要墜崖了。那些人也開始思索，是不是該學著說謊，才可以讓生活好過些？是不是也要跟隨別人的腳步，才不會受到排擠？

聽起來有點悲哀，但又不得不面對這種狀況，但只要轉個心境，便不會太難受，那就是你要如何在這個混亂的世道，堅守立場、不受摧折，亦或是想要不得罪人、又希望能保有自己，那就是「裝傻」。

想要保持真實的自己，就要坦率地順從自己的心。可有時候為了不引起衝突，不回應卻是最好的方式。「一個銅板敲不響」，不予回應並不代表你認同，反倒比直接回擊，更能夠留下想像的空間，讓人摸不透你在想什麼？既然得不到反應，對方多半也拿你沒輒，自然不會在問題上繼續糾纏下去，這也是能保有你自己的方式，算是沒有辦法中的辦法。

這世上不乏有些無賴之人，喜歡故意挑起爭端，要不就是強迫他人接納他的觀點，無論你怎麼說、怎麼爭，對方硬要幫你「洗腦」，把你拉到他那邊。

這時候的「裝傻」不是因為屈服，也不是因為你沒有道理，而是不想作無謂的口水戰，與其把時間花在這等無意義的人上面，不如把精神花在更有意義的事物上。

再說，朋友有朋友的距離，情人有情人之間的親密，這關係把持得不好，很容易把雙方的關係搞砸。畢竟要遇到一個摯友不容易，要維持長久的友誼更需要經過考驗。

如果你們已經有了許多共同回憶，又為何要因為一時的不快而毀於一旦呢？這裡所指的，當然是真正的朋友，至於那些酒肉朋友就不用討論了！

有時候，則因為對彼此太過熟悉了，熟悉得讓我們忘了該有的尊重與界限，讓我們變得更加挑剔，對彼此的友誼容易造成傷害。畢竟每個人有不同的成長背景和經歷，會成為好友必定有某些共通點，這些都是我們當珍惜的，好友難尋，敵人卻是隨處都有可能碰上。

即使是無話不談的好友，也未必是完全相同的兩個人，有些事不要太過於計較，有些事情就裝作不知道，這並非叫你欺瞞，或編造另一套謊言，而是「裝傻」，至少這不違背你的良心，也能保有自我。

我想起一個小故事。

從前達摩祖師剛剛從西天到東土來，他遊走人間，經過一戶人家，這戶人家的門前掛著鳥籠，裡面養隻小鳥。這隻鳥看到達摩祖師，就說：「西來意！西來意！請你教我一個出籠計。」

當然牠還是講鳥話，達摩祖師是聖僧，知道牠問出籠之計，就教牠：「兩腳伸，兩眼閉，此是最好的出籠計。」就是教牠裝死。

養鳥的人聽到鳥叫，跑來一看：「啊！我的鳥怎會無端地死了？」門一開，把鳥拿到手裡，正要看個究竟，鳥趁這個機會雙翅一展，「噗！」就飛走了！你看這個出籠計多好！但是想出籠要先裝死啊！佛法講大死才能大活，凡情心不死，又怎能成佛？去凡情心的第一步，就是要裝幾分呆、帶點糊塗；什麼事情你都精，那就聰明反被聰明誤。尤其我們學佛的弟子，在世間上你不裝傻裝癡，身心怎麼安樂自在？

世間還有句名言，就是「大智若愚」。真正有智慧的人，人家毀謗你、打你，你不同人家辯、不同人家打，這才是大智慧。這個智慧裡頭，有無量的福報、無量的功德。

「裝傻」並不是真的不清楚事實，或是真的愚笨，而是不想讓局面變得難看，同時也更加寬容，「裝傻」也可以說是一種藝術，它反應出一個人的涵養、修為跟智慧，也是保持人與人之間的距離，免於紛爭所做出的抉擇。

記住，把心力用在對的事情上，至於那些不同的聲音，就別浪費心思去搭理，那只會壞了你的情緒。

難以拒絕的「好人」

懂得如何拒絕別人，也是做自己的開始。

什麼樣的人，會是別人眼中的「好人」？這種狀況通常發生在不懂得「拒絕」的人身上。

有些人天生就較軟弱，希望能被每個人喜歡，深怕得罪身邊的人，於是「順從」成為他的標誌，對於別人的要求照單全收，結果自己身上的包袱越扛越重，甚至超越了自己的負荷能力。

然而，這些人因而贏得別人的尊重了嗎？恐怕是惹得一身腥，還被認為是自討苦吃。甚至有些時候，還會因為沒辦法達到對方的要求而被嫌棄。

這樣的人無論在職場、學校，甚至是愛情世界裡，常不時會碰到，這樣的人是別人眼中的「好好先生」，大家有什麼事，第一個先找他，不論是做事，還是抱怨，這種人不僅是大家的「長工」，更是情緒垃圾桶跟發洩管道。

難道這種人沒有自己的想法嗎？即使面對他人毫無道理的言行，就算有脾氣也隱忍下來，這樣的人難道真的人緣好嗎？

仔細觀察，可以發現這類的人都會遇上一些狗屁倒灶的問題，「好康」都沒他的份。可能就是在他幫忙完，或是接收完對方的負面情緒後，對方一個轉身，就找別人玩樂去了。說穿了，他永遠是「被利用」的工具，表面看起來與每個人為善，其實苦水只能往肚裡吞。

難道拒絕別人，會對自己造成很大的損失嗎？說穿了，就是怕別人不高興，怕得罪人，或是為了心儀的對象，希望做牛做馬能夠得到青睞，那是對自己不夠自信的一種表現。

「不拒絕」並不代表你一定會受到尊重，卻可能替自己惹來一身麻煩，對方卻絲毫不感恩。

人都會有一種劣根性，喜歡測試對方的底線，一旦讓步，不一定讓對方打退堂鼓，面對的可能是更多的需索，直到你受不了為止。你無法要求每一個往來的對象，都能貼心的為別人著想。因此，為自己設定一個「界限」，就顯得相當重要了。

你可以接受的範圍在那裡？你的能力是不是能夠不負對方所託？這件事情落在你身上合理嗎？更重要的是，當你有更重要的事要去完成，是否有必要因此而犧牲？

事有輕重緩急，別人有別人的急事，你也有自己的生活要顧，適時的回絕才能保有自我的生活，不至於成為「被奴役」的對象。如果怕因此得罪人，這時候就要講求拒絕的藝術了。

你可以委婉的解釋，你有更重要的事要處理，如果對方的要求得寸進尺，就算沒事，你也可以盡量替自己找事做。

有時你必須動動腦，而不是直接了當地說「不」，要讓自己跟別人都有台階下。一次、兩次、三次……漸漸地，對方也會因為不好意思，而不再拿那些瑣碎的事情來煩你。

如果這人因此而遠離你，那你應該慶幸，少了一個利用你的「朋友」，這樣的人根本不值得往來。這樣的人在你的生命中應該無足輕重，而且越少越好，不是嗎？

每個人都喜歡被喜愛、希望有很多的朋友，但這不應該是「聽話」交換來的，而是更多的「尊重」和「諒解」。

撥開眼中的迷霧

過程比結局更重要。

有一回，我人在國外，著迷於銀飾品的設計，於是在當地放上我精心蒐集而來的心愛寶石，受到一些居民及遊客的喜愛，透過關係賣出了一些設計作品。這鼓舞了我想做點小生意的念頭。

然而，我的資金有限，無法讓我的這個喜好，當成一門真正的生意來做，更無法成為支持我長期逗留在當地的資金來源。

這時，突然有名中東富商想在我最喜歡逗留的地方，幫我開一間飾品店。對我來說，那是個夢寐以求的機會。

不過，這麼好的機會，我卻放棄了。

因為在國外，各地民情不一樣，特別是來自較傳統保守國度的人，那些異性不會無緣無故的幫你，可能都帶有某種目的，想藉故親近，或是希望用此來框住你，甚至是你的一生。這時你就必須考慮——這值得嗎？

當這種狀況發生，令我不得不珍惜起台灣的工作環境，因為當老闆器重我、想給我夢寐以求的機會時，那是看在我的表現能力，而不是摻雜複雜的個人情感因素。也許有時候也會有例外，但當我看到那名富商眼中所出現的迷霧，清楚的宣告了某些事物，我止住衝動，忍痛拒絕了。

這就是一種取捨，雖然你達不成目標，但過程中堅守自己的原則，這也是做自己的一種。

那是一種「自我控制」能力，你知道何時該起身離去，而你堅持下去的理由又是什麼？這也是一種信心的表現。

「走自己的路，讓別人去說吧！」這句話出自但丁的名著《神曲》，原文是「**Go your own way; let others talk.**」。如果你要做自己，「自信心」是絕對不可缺少的一環。因為信心會讓我們懂得分辨，不會讓意志力受到他人影響而搖擺不定。自信心讓我們更加果決，也加強面對問題的勇氣。

我們可以在很多成功者身上看到這個特質，並非你有所成就，才變得很有自信，而是一個本來就充滿信心的人，成就，只是證明他當初的選擇並沒有錯。

自信能夠讓你有無畏的勇氣，面對任何挑戰跟難關，包括拒絕那些不正當的誘惑。

無論面對怎樣的誘惑，保有自我是很基本的一環，如果沒有堅持立場，即使賺得了財富名利，你還會是原來的你嗎？

只要基本的態度對了，你想要的人生便能順利展開，所謂的「條條大路通羅馬」，路不會只有一條，問題在於你用什麼心態去面對？

成功與失敗並非完全的結果論，這就像運動家的精神，有時過程中的堅持比結果更有意義。

停止「重複」的行為

不要讓生命停滯，這才是邁向理想生活之道。

那天，我到一間咖啡廳和朋友聊天，就在朋友去上洗手間時，旁邊的一位老太太試圖跟我聊天。剛開始，我基於禮貌而跟她聊起來，然而，她不斷敘述同樣的事情，同樣的話題到了第五遍，我終於失去了耐性起身，拒絕與她繼續交談。

有人的話不斷重複，是因為醉了；有些人的話不斷重複，是因為健忘；有些人的話不斷重複，則是因為老了；這讓我不禁想著；如果我那一天老了，是否會變成這個樣子？

很慶幸當我年輕時，走過一些地方，經歷過不少事情，至少在我年老時，打開話匣子，不會是那些無聊的重複話題。

我在國外碰到一些老人家，在他們的身上，得到不少智慧的提醒。或許他們在財富上並不寬裕，但是，他們的生命是精彩的、熱鬧的，至少讓人有種不枉此生的感覺。

人年紀大了，最怕的是老提到過去的豐功偉業，說起自己曾經遇到過什麼名人，但最後自己什麼都不是。那有什麼意義呢？

你所認識的人、遇到的事情，都會對你的生命產生影響，不管是好的經驗，還是壞的經驗，那些或多或少改變了你，這才是人與人碰撞後，得到最珍貴的資產。

也許那些負面、黑暗，讓你覺得挫折的歷程，但是卻帶來正面的力量，你希望未來不會再碰到同樣的狀況，遠離那樣的人生。假使遇到的是光明、真善美的力量，便能照亮你的人生，讓你活得比過去更豐富、更圓滿。

不只說話，當我們不斷重複犯著過去的錯誤，不也是一種浪費生命的重複行為？

在同一個地方跌倒兩次，第一次可能是因為倒楣，第二次就是笨了。挫折讓我們學會反省，提升我們對未來的應變能力，而不是用來自怨自艾。有些人老是學不會教訓，一而再犯了同樣的錯誤，那就枉費從失敗走過一遭。

那些我們看似生活平順，特別好命的人，其實才是最危險的一群。不曾經歷過磨難的人，越難承受失敗的打擊。

因此，別埋怨生活坎坷，人生不順等等，回過頭來，你應該感謝那些經驗讓你變得更強壯，並且能得到更多寶貴的經驗。

即使生命重來一遍，現在的你會變得更有把握、更懂得如何去面對那些挫折？所以，不要去後悔你曾經遇過的經歷。重複同樣的行為是一種愚蠢，不僅沒有增長智慧，還浪費了生命。

如果哪一天，你發現你周圍的人是這樣，或是，你不小心掉入這樣的窠臼，那就是個警訊。這時，趕快起身吧！去計畫你的下一步，你會發現，等你去做的事還多著呢！

DREAM BIG
SET GOALS
TAKE ACTION

不被歧視的理由

「堅持自我」的意義，就在於贏得他人的尊重。

人們常以「以偏蓋全」的粗淺觀念去評斷一個人，對不同國家、不同種族的人們如此，在國內也同樣存在著「歧視」，只是歧視的方式不同，標準不一樣罷了！

像是人們會用你開什麼車、住什麼房子、從穿戴外表上去區隔人的「階級」，而不是一個人的內在、品格。因此，如果你想做自己的話，恐怕第一點就是得對這種「歧視」免疫。

由於我經常一個人出國，在國外，身邊的歐美人也居多，有時不免會被問到：「你會不會遇到種族歧視？」

相信只要是身在異鄉的亞洲人，就不可能沒碰到種族歧視的目光，雖然歐美對於「種族歧視」的字眼很敏感，甚至會把這當作一種「犯罪行為」，有時會加以掩飾，但事實上，很多人的心中，還是有根深蒂固的觀念，會把一個人來自的國家或膚色，以偏蓋全的認定對方就是屬於那一類人。

我曾經好奇問過歐洲朋友，遇到這種狀況怎麼辦？我的朋友很認真的建議我說：「不要理會那種沒水準的人，他們不過是心胸狹窄罷了！」

我們常常會因為不了解，或是以粗淺的概念去評斷我們所接觸的人，大多來自對「普遍」的印象。

然而，不是每個人都跟你印象中的人一樣，即使是落後的國家，也有傑出的人士，先進的國家也有人渣呀！

不光「種族」不同，歧視也有很多種，你會發現，當你成為弱勢族群，也碰到這種歧視的眼光。你也可以選擇「不被歧視」，找出不被歧視的理由。就像我那位歐洲朋友說的，如果別人因為你的膚色而歧視你，你也可以因為對方狹窄的心靈與思維而歧視對方呀！

重點是，當別人對你有深一層的接觸後，你還被歧視，那麼就要好好檢討自己，是不是某些程度上，你趕不上別人？你的談話內容、思考、內涵、素養，甚至努力還不夠，才導致別人的歧視？

你想做自己，一定是要找到具有優勢的特質，那才是真正的做自己，而不是流於呼喊口號，甚至走入偏狹的道路。

如果別人覺得你不怎麼樣，那就去證明他們的眼光是錯的，讓原本否定你的人跌破眼鏡，那才是真正做自己的意義呀！

CHAPTER 04

別被牽著鼻子走

別迷失在掌聲中

我們寧可被比自己程度高的人批評，也好過被程度低的人稱讚。

每個人都喜歡被稱讚、被誇獎，當我們被讚美時，腦內像是自然分泌出一種「嗎啡」，讓人感覺飄飄然。因此，誰都喜歡被讚美，遠勝於被批評。你可曾想過什麼樣的人，最容易受到讚美呢？

最容易聽到讚美聲的，不外乎那些屬於「人生勝利組」的天之驕子。每個人都以仰望的姿態望著他們，包括一些有求於對方、想沾光、想獲得好處的，逐漸讓這些人忘了真實，享受著群眾的膜拜。

這些人習慣了掌聲，以至於對於突然出現不同的聲音，就不一定能夠保持從容，有時候可能還會因而被激怒，認為問題都是出在其他人身上，而不是自己。能夠在讚美當中，依然保有清明理智的人，實屬難得。

至於平凡人所渴望的掌聲，發生在不同的人身上，就有完全不同的效果。有些掌聲帶有目的性，並不真切，或是一窩蜂，像是洗腦似的崇拜，好像不跟著大部分人一起，自己就是「異類」一樣。這種膜拜似的心理，也讓主角的虛榮感越來越膨脹，迷失在裡頭。

但是，這造就了什麼？對任何人有益處嗎？

西方哲學有句話：「別迷失在掌聲中。」這不只是對被崇拜者，也是對膜拜者的一種提醒。因為我們很容易迷失在群體的聲音，而失去了正確的判斷。

我曾遇過一個教育水平不高，人生經歷也很貧乏的「鄉民」，提起某位名人就口沫橫飛，把對方形容得跟神一樣。但提起另一位業界大老時，卻抨擊有加，因為他曾跟對方有過接觸，得不到預期的反應。

一個從未真正深交，只不過因為曾經有過關聯的人，造成「迷哥」、「迷姊」對偶像人物有著不同的解讀。這就是一種對於自己所不了解的人，用自己的經驗跟價值觀去評量。

但是，這些評量真的客觀嗎？連名人都會承受這樣不公平的評斷，更何況我們泛泛之輩？

是故，當面對讚美跟批評時，我們又要如何自處？你能分辨哪些是中肯的聲音，哪些又是不值得一顧的廢言呢？哪些是為了討好，或是真心誠意？哪些又是虛情假意、矯情敷衍呢？

反過來想，當別人評量起我們時，我們是否也能去評量那個評論我們的人的水平？他的評量，又是用什麼標準？他的讚美或是評價，真的客觀嗎？

所以，當被人讚美時，千萬別樂昏了頭；遭致批評時，也別先急著動怒，不如先冷靜下來，好好想一想他們所言，看是不是能從其中，獲得讓自己進步的力量。

在盲目和理性當中，也決定了我們成長或迷失的關鍵。

主權操之在我

不隨之盲從，是訓練自己獨立的開始。

當一間店家推出優惠方案，表明用「團購」的方式才能享有，便可以看到在公司裡，同事之間，甚至是家庭裡開始揪團，包括私人的購物也是，不論是高聲疾呼、或是呼朋引伴，全都招過來湊一團。

對商家而言，這是一種提高銷量的行銷手法，而民眾也樂得可以從中貪得便宜。但是，卻很少人問自己：那真的是你需要的嗎？還是你往往買了過量的東西而不自覺？

群體的行動容易讓人陷入一種盲點，就是別人想要、你以為你也想要，卻忽略了實際的需要。這就像是催眠，你不知不覺被人潮帶著走，跟著旁邊的聲音興奮地吶喊，跟著往前擠，也不知道自己要去什麼地方，或是忘了為什麼目的而來？

群體行動容易降低一個人的判斷力跟智商，不管當初的目標有多麼確定，都可能因此走偏，而你自己也沒察覺到，因為旁邊嚷嚷的聲音太大了，以致淹沒了你的判斷。

群體行動並不是不好，只是太沉迷於無論何時何地都非得一群人一起，說穿了，這是一種自我的怠惰，也是一種弱者的表現，說明了缺乏獨自面對現實的勇氣。

端看許多「狐群狗黨」都是在吃喝玩樂中結交的，一群人聚在一起，每個人都說著表面話，不管同不同意別人的說法，都面帶微笑、假情假意的帶過，但似乎很多人都沉溺於這樣的團體行動中，甚至如果要他單獨行動的話，就像得了「恐慌症」一樣，渾身不自在。

於是我們常常看到大團體當中，又有著小圈圈，那些小圈圈又各自為政，希望成為一個更大的「團體」。

的確，團體會像是一種保護殼一樣，待在裡頭似乎很安全，但也沒人在乎你的聲音。

別忘了，強者往往是孤獨的。

像是人類最喜歡拿來充當國家標誌的老鷹跟花豹，他們可不是什麼群聚型的野獸，依然活著逍遙自得。最美的花朵，往往遺世獨立，就算處在幽暗危險的角落裡，綻放美麗的姿態。

一個人沒有什麼好害怕的，沒有了其他人的聲音，你更可以做任何想做的事情。因此，無需害怕孤單、被排擠，與其花時間浪費在那個跟你不同調的群體當中，不如去走出屬於你的一條路來。即使需要與群體為伍，也是你主動去選擇、而非被選擇。

當我們懂得把決定權抓回自己手上，你也就懂得如何控制自己的生活步調，成為那個你想成為的人。

凡事都有個開始，如果你不跨出那一步，又怎知未來有什麼好事等著你呢？

words

選擇性的「沉迷」

迷戀流行事物，也別忘了自己的責任與義務。

知道嗎？二〇一八年一月世界衛生組織正式將網路遊戲成癮症（Gaming Disorder）列為精神疾病了，再加上有鑑於最近的網紅現象，讓我有感而發，很想問：網路紅人的熱潮還會持續多久呢？

年少時，我也跟很多懵懵懂懂的青少年一樣，迷戀過某位電影明星，或是某系列的漫畫書，隨著年齡成長，人的思想會改變、觀念會成熟，這時所沉迷的事物，也跟著個性成熟而改變了。

因偶然的網路爆紅而短暫成為名人的網紅，已成為新世代熱切渴望的新職種。一窩蜂的盲從特性真的很可怕。喜歡跟著「一窩蜂」，代表著我們容易受他人的影響，失去獨立判斷能力。就像百貨公司拍賣打折時，跟著去人擠人，也不知去搶什麼東西，好像別人要的東西我也要，如果沒拿到，就是吃虧，一副不落人後的樣子，其他舉凡像是線上遊戲、網紅、動漫等等不勝枚舉。

生命中還有更重要的東西值得追隨，要提升自我的話，事情的輕重排序相當重要。

如果學校的課業對你而言太輕鬆，你應該去追求更高深的學術理論；如果喜歡音樂，不能只是光追著偶像跑，而是要去學著接觸樂器、樂理，鑑賞各式各樣的樂風，也許能意外發現自己的「音樂人」特質。而真正的藝術和繪畫，並不是你看到了什麼就是什麼，而是那個畫面提供了你什麼樣的想像空間，能夠提升你的精神層次。

我們需要的是更深層、更有內涵的東西，而不是就表面上看到的膚淺形象。一個好的藝術文學作品，就是提供我們這樣的學習能力，讓我們可以消化吸收成為自己的養分。

雖然也有人將沉迷的事物變成自己的專業，但我認為那絕不是單純的沉迷而已。

因和台語歌后江蕙合唱一曲〈傷心酒店〉而走紅的施文彬，最近有了新的封號，「電競教父」。

隨著台語音樂市場的萎縮，施文彬轉行到電競公司工作，也因此讓他更認識電競遊戲產業，並堅信「沉迷也能變專業」，召國內外玩家、電競圈相關業者，創辦「社團法人台灣電競協會」。有計畫地培育電競選手，集中受訓管理，這樣的全心投入，讓他奪得「暗黑破壞神II」美西伺服器的「天梯模式」第一名。

簡而言之，就是你所沉迷的事物，是否讓你「學」到了什麼？或者，能就你目前的程度，讓你再更精進，並成為專業人士？這才是值得讓你花費大量時間去關注的。

沉迷一項事物不是不好，而是要有選擇性，否則最後花費大量的光陰，也只是別人設計下的棋子而已。

美化心靈的藝術

模仿是廉價的，但是「創造」卻是無價的。

拜網路發達之賜，現在的我們不用走進美術館、也不一定要去現場參加演唱會，就可以在網路上搜尋到各種美麗的畫作、或是聽到各式各樣的曼妙音樂。我指的不是去剽竊著作，而是利用網路的功能，讓我們先篩選我們真正的喜好是什麼？再進一步去做出選擇。

買不起名畫？沒關係，你可以買些圖卡、月曆之類的，或是相關書籍，這也是一種薰陶。而有聽過旋律，你才知道真正喜歡的音樂風格是什麼。

當你真的懂得去欣賞那些藝術，你才能真的了解到那些藝術其實是無價的，而我們只要花小小的代價，就可以得到別人貢獻出來的才華，那些無與倫比的能量。

不過諷刺的是，一般人往往不這樣做，卻寧可花更高昂的代價，去讓一群爛嗓子來折磨你的耳朵，或是去看那些毫無內涵的影像，傷害我們的視力，降低品味。

懂得欣賞美麗的事物，對精神是一種提升。我們往往會因為崇拜，而想成為那樣的人。像是我們喜歡某些運動家，就會開始從事某項運動；也可能因為喜歡畫家、作家、攝影師，而去學習畫畫、或是寫作、攝影等等。

當然培養興趣是一件好事，但每個人的天分不同，並非人人都能成為優秀的藝術家、音樂家或者運動員，大部分的人都是才華平庸，創作出來的東西也僅供消遣而已。但那又如何？只要這些東西能夠為你帶來快樂，懂得欣賞也是一種藝術，如果想要追求更高的層次，不妨再從觀眾變成鑑賞家。

品味不是一天兩天形成的，我記得年輕的時候，常聽一些billbroad的排行榜音樂，覺得每個歌手都很棒，聲音都差不多，那時還被懂音樂的朋友嘲笑。但不知道何時開始，自己好像慢慢的開竅，開始能夠分辨嗓音的好壞，對旋律也開始敏銳，並找到自己所喜歡的音樂類型。

有一回認識一個樂團，當他們在台上表演時，忽然彈錯了幾個音符，我往台上望去，那個鍵盤手有默契的對我尷尬一笑。

《歡迎光臨我的展覽》這本初步探討藝術的書我非常喜歡。書籍的內容從一個「去美術館上藝術課」的小男孩展開。藉由藝術老師和小男孩、同學間的提問，小男孩逐漸了解每一個藝術收藏品的獨特特質。讀者也可以隨著故事的進展，看到古希臘的陶瓶、非洲雕像、中國水墨畫、西方印象派、立體派甚至普普藝術、垃圾藝術等。

其實對於音樂藝術，乃至於文章的鑑賞，就是經常接觸，再加上「用心」，自然會提升你這方面的品味，就像開車一樣，當熟悉了車性與道路，再大的彎道都難不倒你，而且還能夠享受騁馳的快感。

就像你的味蕾，沒吃過好東西，你不知道什麼叫做美味帶來的幸福感？好的文學作品、藝術創作，乃至於音樂，可以停留在我們腦海許久，甚至對生活產生助益。最明顯的，就是對於情緒上的影響。

記得以前上班時，公司旁邊正好有一間書店，每當在工作上感到壓力跟挫折時，那裡就成了我潛逃的最好地方，看看架上的卡片、翻一翻書籍，再低潮的情緒也隨之煙消雲散。

如果你的周遭沒有書店，何妨趁著下班或假日到美術館、文化中心走走，感受一下精神上的放鬆，那跟單純的吃喝玩樂絕對不一樣。

拋開「依附」的迷幻藥

沾別人的光不如沾自己的光。

喜歡接近比自己優勢的人，是人的天性，也是人之常情，多數的人都會攀附一些社會地位比他自己高的佼佼者，無論在別人的眼中，是否真的有這個人的存在？反正就覺得跟在強者左右，自己頂上也有光環。

跟在這類的人身邊，好好學習他們的優點，倒也無可厚非，但如果是抱持著依賴的心態，那麼很容易會迷失自己，你以為沾到了光？其實根本沒了「自己」。

我們以為能認識到名人、能在網路上掛個「友人」，以為身分就從此不同，其實是大錯特錯。別人的成就並不是你的成就，即使是家人親友，頂多是說嘴的話題，那些跟你毫無關係。

你還是你，若是沒有任何付出跟努力，你永遠無法成為對方，也達不到你所羨慕的那種目標。

我經常聽到有人說一句話：「等你成名了以後，我就……」或是對某位成功人士加以攻擊、撻伐，只因為對方不太甩他。這是一種奇怪的心理，也是一種「攀附」的心態。那些優秀人士不需要你的肯定，因為那是他個人的成就，不管他的成就再高，你還是你，不會因此有所差別。

與其羨慕別人，不如當個令人羨慕的人。期待能從別人那邊得到什麼，還不如自己去爭取。

然而，現代人想攀附別人名聲者居多，想憑自己努力的少之又少。因此許多人容易被洗腦，也自己洗自己的腦，認為接近那些名人就可以抬高身價，讓自己也變得跟對方一樣了。

不去思考的人，很難分辨自己跟別人有什麼不同？就像是任何流行文化一樣，某段時間流行一種穿著，流行到連菜市場都有在賣。於是你會看到，有些並不適合那樣衣著的人也大喇喇穿上身，顯得滑稽而唐突。這就像胖子穿緊身衣一樣，其實可以有更好的選擇，但卻盲目去追隨流行，而失去了可以真正突顯你美麗的裝飾。

依附，就像一種迷幻藥，讓人分不清真實和虛偽，分不清「你我他」，因此想要保有自我，絕對要分清楚之間的界線。別讓從眾和別人的生活毀掉了自己的可能性。

你可以欣賞一個人、或是覺得那些成功者激發了你一些潛能，但一定要由你的內心出發，那才具有意義。如果心存攀附他人，以為這麼做可以令自己更上一層樓，抱持這種心態，最後失望的會是自己，而不是別人的責任。

浪費在美好的事物上

該起身離開的時候，就不要再花時間遲疑了。

有一句廣告台詞：「生命，就該浪費在美好的事物上。」雖然是從商業角度來促銷那些增添生活樂趣的物品。不過，換個角度來說，在那些提升我們生活層次的目標上，你有沒有想過，你會把時間浪費在那裡？

人的一生有限，我們都不是天才，如何運用短暫的生命來完成自己的夢想，並實踐想要的生活，妥善運用時間就變得相當重要。

你把時間花在什麼樣的事情上面，就注定你的成功機率，決定你可以過哪一種生活、成為哪一種人？當你想過自己想要的生活時，你所花費的時間，就決定了你的生活型態。

這個世界上沒有一蹴可幾的事，都需要我們投入時間、精力和耐心。我們所做的事，都會在生命中留下印記，淺一點的影響幾天、幾個月，嚴重的可能影響十年、一輩子都有可能。所以我們怎能不謹慎一點，好好去安排自己的時間，把時間花在那些重要的事情上頭呢！

許多人經常要到很久以後，因為一些事件的發生，才開始反省，甚至發現身邊的伙伴，竟然跟你觀念完全迴異？而你深受影響，以致經常違背自己的心意卻渾然不覺。等到後來才開始懊惱、搥心肝，是否為時已晚？

受到別人的干擾、把精神時間分散在那些無關痛癢的小事上，無形中，你就比別人少了許多時間。跟相同目標，志同道合的朋友一起，等於更多人助你一臂之力，你要成功的機率更會大幅增加。

最好的事物，總是得費盡心力才能得到，免費奉上的，往往是別人想要的，也不是你真正渴望的。因此懂得爭取，你才能把控制權操在你手上，不致於淪為別人玩弄的棋子。

就像與其把時間浪費在聽別人拍馬屁，還不如多花點心思，想辦法改善自己的缺點；花時間在一堆酒肉朋友身上，還不如知心好友兩三人在一起。

把時間花在你真正有興趣的事物上，而不是盲目跟隨群眾、追求流行。把時間花在如何改善自己的生活，而不是聽別人炫耀，而自己只能羨慕。

值得你花時間的事情真的太多了，你是否釐清了這些呢？還是經常被人牽著鼻子走，叫你往東便不敢往西、像是無頭蒼蠅一樣，東奔西撞了老半天，卻一事無成。

有些事情該放手就放手、有些人該離開就離開，人生苦短、你實在沒閒工夫浪費在那些毫無意義的事情上頭，更沒必要去成就他人夢想，你有你自己的人生要過。

不要讓宵小恣意瓜分掉你的時間，學會控制自己，你才能有更多時間花在自己身上，做你真正想做的事，成就你自己。

「靈光一現」的直覺

直覺往往預知了結局，你忽略過去了嗎？

在你準備面對一項新的挑戰、新的事物，甚至陌生人時，或多或少，都會有種「靈光一現」的直覺，你把握住沒有？還是任由這樣的直覺一閃而逝，而根本不加予理會？

有一回，我決定投下一筆存了多年的資金，去參與朋友的生意，正在考慮的時候，忽然，一陣狂風吹過門前的樹梢，整個樹枝擺動激烈地嚇人！在那瞬間，我突然有個不好的預感，想要抽身，但受不了朋友一再慫恿，卻做出了錯誤的決定，那一次的投資，不僅慘敗，甚至拖累自己原本平順的生活。

類似的狀況也發生在每次要決定一項行動，突然出現在腦海的提示，做與不做，就像早已有人提醒了下場如何似的。

一開始就令自己不自在的氛圍，到最後，也都不會有什麼好的結局。這種直覺常常被人忽略，甚至被人說是「多心」。

這種「直覺」跟「過度擔憂」是兩碼事。好的事情會讓你打從心底，充滿喜悅地去面對、去進行，路會越走越寬、越走越順暢，你自己就會發現該怎麼走。而違背自我的意識，你將會發現，你把生命都浪費在一次又一次失敗當中。

有人說「跟著心走」，其實也是直覺的一種，分析起來倒是有幾分道理的。你可以把直覺當成你的「心意」，一個你與生俱來的「天分」，遵從你的直覺，不代表從此以後能夠一帆風順，而是幫助你做出最好的選擇。

像是有些人天生是要遠離家鄉，因為他的個性不愛拘束；有些人適合投資做生意，因為他對金錢有強烈的敏感力；有些人從事藝術文化發展，因為他對美學有很高的興趣。用宗教的眼光來講是「天命」，但實際上，那就是你個人本能的發揮。然而往這些方向，不代表你就無憂無慮。

我要強調的是，每個人都有適合自己發展的方向，找到屬於你的方向，就是對生命的一種交代。即使你會過得坎坷艱辛，也比活得迷迷糊糊、平平庸庸好多了。

如果你認為自己不平凡，就算做著很無聊的工作，你也能夠創造身為螺絲釘的價值。重點是你有沒有問過自己，這是你要的人生嗎？還是別人希望你過的人生？相信你的直覺會給你一個很好的答案。

直覺是每個人都有的「天賦」，唯有相信，而且願意去實踐的人，才有資格享受到。

只是，當「靈感」來的時候，別忽略了它，別當什麼都沒發生一樣，因為到最後，你會懊惱自己沒有好好掌握那時的靈感，做出對自己最有利的選擇。

ADELE H.
UNA STORIA D'AMORE

不要安逸於「習慣」

不要讓不幸成為習慣。

人可以說是「適應性」很強的動物，我們可以去適應平凡、幸福，同樣也能夠習慣於「不幸」。只要不幸的日子過久了，就會認為一切都是應該的、會替自己找許多合理的理由。畢竟人性趨向安穩的環境，不管那個環境有多糟糕，只要能「忍耐」就可以不當一回事。

有些感情、工作，當我們處在其中時，就不斷抱怨，但是卻始終未曾離開，原因為何？因為「習慣」。

曾看過一個發人深省的小故事，是關於打破習慣的故事。

從前，一個國王經常給身邊的大臣出難題來取樂，如果大臣答對了，他將用小恩小惠給點賞賜；如果答不出來，那將受罰，甚至被砍頭。

一天，國王指著宮裡的一個池塘問：「誰能說出池子裡有多少桶水，我就賞他珠寶。如果說不出來，我就要『賞『你們每人五十大鞭。」大臣們被這突如其來的問題難住了。

正在大臣們心慌意亂之際，走過來一個放牛的小男孩。他問清了事情的緣由之後說：「我願意見見這位國王。」

大臣們把小男孩帶到了國王身邊。國王見眼前的小男孩又黑又瘦又小，便懷疑說：「這個問題答上來有獎，答不上來可要被砍頭的，你知道嗎？」在場的人都替這個小男孩捏了一把汗，可小男孩卻不慌不忙地回答出國王的問題。國王無奈之下，拿出珠寶獎勵給了小男孩。

其實，國王出的是一道條件不足的問題。在正常的思維模式下是無法找出正確答案的。小男孩正好抓住這一關鍵。他是這樣回答的：「這要看桶有多大：如果桶和池塘一樣大，就是一桶水；如果桶只有池塘一半大，就是有兩桶水；如果桶是池塘的三分之一大，就是三桶水……」

一個抱怨男朋友老是劈腿花心的女人，如果不離開那個男人，同樣的事情，還是可能會發生；覺得公司再怎麼待，也不會有美好的未來，卻還是不思改變去轉換其他跑道，這個人也不會有什麼前途，因為已經「習慣」了。

因為人會害怕改變，不知道跳離熟悉的環境會更好、還是更糟？於是形成了一種惡性循環。

沒有人一開始會希望成為不幸的人，當我們由一個階層掉入另一個階層時，剛開始會掙扎、惶恐，就像是溺水的人，希望能趕快跳脫那種令人窒息的痛苦。這時你有兩種選擇：一是及早脫逃，再者就是什麼都不管，直到感到麻痺為止。

這就像是攀岩，往上爬要費盡力氣，但鬆開手往下滑卻絲毫不費功夫，但得到的結果卻大不相同。畢竟向下尋求慰藉比較容易、向上力求突破得耗費精力，因此不做任何掙扎，成了許多人的選擇，他們任由環境決定，而不是自己去選擇環境。

在社會上，無論我們所處的環境、職場都經常可以發現這樣的情況，很多人愛搞小團體，認為拉一些認同自己的人成群，就可以證明自己是對的，簡單來說就是拉一些人來「壯膽」，好撫平自己的心虛。

愛搞「小團體」跟「團隊合作」是不一樣的，前者多半是由自卑的顯現，而後者是真的有共同努力的目標。如果你想分辨是不是「小團體」，從那些人的言行就可以很清楚了解到，小團體像是一種自我取暖的環境，讓同類型的人聚在一起，逐漸變成了同個模樣，活在一個安穩的圈子裡，很難融入大環境中。這樣的小團體可以是朋友、也可以是家庭親友，人，一旦掉入那樣的漩渦中，就很難再振作起來。

如果你把自己放在那樣的圈子裡，久而久之，會更難以脫身，因為你會害怕受到排斥，害怕被孤立，而逐漸形成一種習慣。因為有人聽你訴苦，和同溫層一起取暖，但這對改善生活卻一點用處都沒有。

趁著你還「不習慣」找人安慰，趁著你還有抗拒時，努力改變現狀吧！掙脫你所害怕的環境，不要跟著一起淪陷。

有時前進會需要一股力量，因為你害怕成為某一種人，不希望被瞧不起，當自己的生活捉襟見肘，你會想拚命掙扎求生，不知不覺反而會讓自己離恐懼越來越遠，直到找到某種安全感為止。這樣，就算是成功了。因為這時候的你已經找到自我，知道如何做自己了。

增強接收訊息的「免疫力」

你不能喝令別人閉上嘴巴，但你可以選擇關上耳朵。

拜網路發達之賜，現今的社會有太多的資訊，包括那些是是非非、模擬兩可的訊息，可以說是滿天飛，大量朝我們襲捲而來。而你是被淹沒了，還是依然把持住自己，不被過度的訊息左右你的生活呢？

那些為了賺取瀏覽量、按讚數的網路訊息，即使你沒時間，但那些攫住你目光的標題，還是會吸引你放下更重要的事情，去點閱那種內容貧乏的文章或畫面，於是我們的時間不斷被瓜分，耗在那些不痛不癢的訊息上。

你會發現電腦雖然打開了，但工作還沒做，就已經在網路上耗去了半小時，你延遲了該赴的約、該思索的決定，開始變得輕重不分，甚至做錯決定，這都是因為大量的網路訊息，壓縮了你原本要拿來思考的時間。

我們要想不受網路消息的影響很難，但過度依賴從那裡得來的知識，卻會讓人判斷力降低。我們以為接收的訊息豐富，能讓我們變得更聰明、更強大，但很可惜，結果往往會讓你失望。

那些訊息不會教你如何判斷，只會灌輸給你一些雜亂無章的思維，讓你錯亂，一步步深陷訊息所要達到的目的，而不是「你的目標」。更何況，資訊的來源是正確還是錯誤，還是個問題呢？

這就像是一種餵食，如果你不過濾的話，很容易被迫吃下對身體不好的毒素。不僅浪費你的生命，更對生活有害。

這並不是表示你應該關起門來，什麼都不接觸、也不聽，而是應該要懂得選擇。就像身體的免疫力一樣，你很難去控制接觸到什麼樣的病毒，但如果你的免疫力夠強，生病的機率就大幅降低了。

因此，我們要加強對一些負面訊息的免疫，把那些會污染你視聽的、亂七八糟的消息，擋在門外，不要受到干擾、也不隨之起舞。畢竟人一生的時間有限，你把專注力放在哪，就決定了你會成為什麼樣的人。

想要分辨何種訊息可以接受？何種訊息應該拋棄？我們是不是也應該增進我們的智慧，不讓同樣的雜音干擾我們？

更進一步的，我們要訓練出在雜亂的消息中，很快分辨哪些內容是有益的？哪些只是在消耗你的精神？把注意力集中在你想要的東西上，才不致於走上岔路。

訓練自己隨時保持冷靜的心情，以及清晰的頭腦，才能夠維持心理健康，不過，資訊畢竟太過繁雜，有些聲音，你只要將它視為噪音，直接忽略就可以了，太過在意的話，就是跟自己過不去。

路是你選擇的，同樣的，你也可以對那些負面的雜音，選擇要聽，還是不要聽。一個人若是自制力不夠，就很容易誤入「歧途」。唯有不易受到干擾的人，才真的能實踐夢想，只有堅持原則的人，才不容易受到他人的左右，而改變自己原訂的目標。

CHAPTER 05

找尋讓你自在的方式

要對自己誠實，不要騙自己

你能夠忍受自己偽裝多久？

我們身邊不乏一些愛面子的人，或是沙文主義者，他們過分顧及自己的體面，生怕被人看不起，他們口口聲聲「面子」、「形象」，為此還製造了不少假象，許多時候甚至偽裝成自己所說的模樣，但說白了就是虛榮心作祟。

收入只有兩、三萬的上班族，卻硬要去買名牌包或是跑車，想要看起來很有「面子」，問題是他們的收入，根本不足以應付高額的開銷。可能要花上好幾個月，甚至好幾年，才能把這些金額繳清，只為了讓他們在外時，看起來非常「氣派」。

這樣的面子到底值幾分錢？誰也無法計量，唯一可以確定的，是這些人企圖得到更多的掌聲，好肯定自己存在的價值。

最近在瀏覽網路新聞時看到了一個奇葩故事。

小麗的室友Amy前一段時間終於換到一家金融公司做業務，在裝扮上開始有了改變，居然背上了LV包包，只不過是一款高仿包。

入職之後Amy發現部門同事雖然薪資不高，但因家境大多不錯，穿戴都是名牌，包包也都是最新一季的香奈兒、Gucci等。來工作主要是為了累積人脈，根本沒指望他們那點工資養活自己。

普通人家出身的Amy在經濟條件上當然沒法和這些同事比，那些奢侈品原來在Amy眼裡，不過是擺在櫥窗里供人欣賞的。但是Amy卻死要面子，擔心別人看不起自己，就買了一款高仿的LV，美滋滋地背上，還跟同事說這是當季最新款。Amy每天下班，就鑽到自己房間網購那些低廉的山寨貨，痴迷於把自己包裝成一個家庭背景優渥的白富美，活在虛幻中，無法自拔。

把時間都花在包裝自己的Amy，沒過幾個月又辭職了，因為她渾身上下的冒牌貨，最終還是被同事拆穿，雖然沒有大肆嘲笑她，但她受不了大家鄙視的目光，辭職走人，再也不想見這些人。

簡單來說，這類人所希望得到的是「別人的認可」，而不是自我肯定，他們的心裡其實非常自卑。

一個不知道自己是誰、缺乏堅定信念的人，越是會去追求外在的虛名，為自己套上一個不適合的外衣，包裹成一個怪人到處行走。自己不覺得奇怪，很多人卻早已看穿。

大部分人們對於他人看你的「形象」，也是會在意的，只是陷入過度的注重形象，總是想在外人面前呈現自己最好、最完美的一面，有時為了怕不受到認可，怕遭到排擠，於是刻意隱藏自己，假裝出另一個模樣，外出時雖然看起來完美無瑕，但箇中的辛苦，只有當事人自己知道。

不可否認，我們大部分時候，都活在別人的眼光下，深怕他人對著我們指指點點，可倘若因為害怕遭致批評，而選擇最中庸、模擬兩可的言行，以免得罪他人。為了刻意維持這樣的形象，讓一個人變得不像自己，最終只有自己才明白自己是不快樂的，其他人根本不會因為你的情緒而有所影響。

也就是，如果我們花了太多精神去在意別人的看法，計較他人對你的毀譽，那麼你把自己放在哪裡呢？對於你的人生來說這豈不是顯得有些本末倒置了。

希望自己得到認可、渴望有人拍拍手、摸摸你的頭，覺得你真棒，似乎是大多數人的心態，但你可曾想過其實這樣是無法做自己的主人的，而是由別人來證明你的存在，讓自己淪為魁儡罷了。

偽裝就像是「謊言」一樣，總有被拆穿的一天。你可以偽裝一時，卻無法偽裝一輩子。謊言總有被拆穿的一天，就像拿掉寄居蟹華麗的外殼，你覺得還剩下什麼？為什麼不正視自己的優勢？並把它發揚光大，即使有小小的缺陷，也瑕不掩瑜。

丟掉偽裝，選擇對自己誠實，你會發現無比自在與暢快，那是戴上面具時所感受不到的。你不需要處處追求完美，因為不完美的自己，才有生命力。

在我們與人訴說近幾年的狀況時，不妨想想，你是在做自己，還是做別人眼中的形象呢？

獨處時的樂趣

興趣可以讓你在改變的過程中，成為支撐自己的另一股力量。

做自己的第一步，就是要從學習面對孤單開始。因此，你要學習如何面對孤獨、學習獨處？也就是你要找到一些抒壓的方式，就是要找到你的嗜好。

嗜好不需要呼朋引伴，或是配合他人，一個人的時候就可以進行了，有時嗜好只是為了打發時間，但做久了，也可能專精，而成為你的第二長才，為你帶來不同的收獲，但那都是後面的事了。

嗜好是與生俱來的天性，不是因為看到某人的成就而跟著去做。即使你追隨著他人的腳步，也必定是你對這項事物，在某個點上充滿興趣，產生特別的好奇心，覺得能夠從中獲得樂趣，進而想要鑽研。

以我自己為例，我喜歡游泳、跳舞、學習樂器之類的，在從事這些嗜好的過程中，除了得到樂趣，還能夠思考。

當你沉浸在喜歡的事物裡，你的思緒也會變得不一樣，腦筋開始活絡起來，這些事物有時候會給你一些靈感，有助你思索出一個正確的決策，想出解決問題的方法等等。這是因為當你全然放鬆做真正喜歡的事情時，那種感覺就好像打通任督二脈，整個人變得開竅了。這也是培養嗜好的一個好處。

至於無心插柳又是另一環了。從事你所感興趣的事情，往往能幫助你跳脫生活原有的窠臼，遇到原本刻板生活中不會遇見的人、不會有所牽連的事物，有時反倒能夠讓你走出不一樣的路來。

如果能改變一下生活圈，讓更多新的人事物進來，為你的生活帶來活力，何樂而不為？

興趣最好趁早培養，因為那會是陪伴你一生的「良伴」，也是在你遭遇挫折時，一個很好的抒發管道。你不需要去向任何人解釋，你為什麼要做這些看起來沒辦法賺大錢的事，因為這些興趣及嗜好，遠超過錢財所能帶給你的快樂——在進行你感興趣的事物時，你能夠暫時跳脫壓力，不受外在負面聲音的影響，為自己的內心帶來一片愉悅的空間。

做自己需經歷一段時間的孤寂，才能找到獨處時的樂趣，可以幫你度過最難熬的日子。而嗜好就是很重要的一環。

當身邊充滿了笑聲、說話聲與喧鬧聲的時候，就很容易不由自主地去在意他人的想法，可當你做著一個人也可以進行的嗜好時，你會發現一個人也不再煩悶，而且能享受用自己的步調做事的快樂。

因此，趁早培養屬於你的嗜好吧！找到一個人也可以從事的興趣，你會發現生活變得不同了。

勉強是不會快樂的

勉強自己配合的結果，往往是被火紋身。

在你試圖要走出屬於你自己的路時，有一個很重要的觀念——千萬別勉強自己。

這不是叫你在遇到挫折時，就縮手放棄，而是要你別勉強自己去配合他人的意願，勉強自己做出違背心意的事。

當今這個社會已經不像早年那般單純，環境也變複雜了，人心也不再那麼純樸。許多人在經過社會的磨練之後，不一定變得更好，你會發現很多人不再懂得聆聽，而是強迫別人要聽他們的，把別人納入他的控制範圍中。太多人試圖去影響他人，或許是一種老大心態，也可能是想「揪團」，但無論如何，一旦你失去堅持，很容易就落入別人的圈套中。

那些想控制他人的人，一開始會展現無比的熱情，讓你受寵若驚，甚至讓你產生一種「幻覺」，原來我這麼受歡迎、這麼令人愛戴呀？但別高興得太早，那些熱情會隨著某些狀況消失，就是當你發現你沒有聽對方的時候。

當然，每個人都喜歡被人喜愛，很難對主動示好的人推拒門外，不過你會發現，那些根本與你沒什麼交集的人，突然間主動接近，通常帶有某種目的，而這些往往是你在接納他們之後，才會慢慢了解。

中國人講「見面三分情」，你都跟對方建立了「三分人情」了，這時再要婉拒對方的要求，就變得為難起來。如果再加上對方的三寸不爛之舌，你會更難堅定意志。你變得該聽命也不是，不聽命又怕對方翻臉，處在一個尷尬的局面，弄得自己進退兩難。

不過，有這麼難處理嗎？

當你心裡產生抗拒、有所猶疑時，代表著你並不認可對方，只是不好意思拒絕罷了。然而，所有的錯，都是錯在第一步，如果這時候你輕易接受對方的示好，誤以為別人把你當一回事。後來的抗拒，只不過是看清楚事實，並沒有什麼奇怪。

所謂的「包袱」，只是我們加諸於自己身上的圈套，你並不是沒有選擇性。再說，一個真正的朋友會知道你喜歡什麼、不喜歡什麼，知道你的個性、為人處事的方法、做人的原則等等，因此，對於那些強迫性的要求，你會認為這種朋友還值得相交嗎？他們值得留在你的生命中嗎？

如果你是因為有個性，而被批評成「難相處」，也無須難過，那表示對方與你不是同類型的人。古人說：「道不同，不相為謀。」我們無須因為別人過度對自己好，而覺得虧欠些什麼，你可以回報的方式很多，但不需要勉強自己去接受那些不符合你作為的事情。要結黨結派是別人的事，不要因為害怕被排擠而違背了自己的心意。

最後你會發現，即使你勉強自己去配合他人，最終還是會落到不好的結局。沒人會感謝你，還會認為這是理所當然的。難受的還是你自己，那又何必呢？

一個善於獨立思考的人，一定會在行動前考慮清楚，而不是採取被動。如果你想走出屬於自己的路，更需要堅定自己的原則，這是一種訓練，也必須時時提醒自己。

冷漠有時是必要的，不要因為不好意思，或是受到人情的牽絆，而破壞你的原則。

為實現夢想做準備

先了解情勢，才能決定你能做到什麼地步。

前幾天，正好看到某位金融企業家提到，一個人要了解自己，如果不是擁有像家庭這個堅強的後盾，當你的人生從山崖墜落，沒有那張能撐住你身體的網子，你會是跌得粉身碎骨的那個人，因此，在人生的道路上，更需要時時自我警惕與謹慎。

當你想做自己、走你想走的路時，認清自己是相當很重要的。「認清自己」也可以解釋為——你，到底準備好了沒有？

這就像一名立志要參加奧運的選手，如果沒有經過強力的訓練、比常人付出更多的心血，如何達成目標？想成為一名舞者，沒有從小的基礎，可能連劈腿都有問題，如何成為一名專業的舞蹈家？

如果你對數字的觀念差到看到數字就眼花，卻不經常加強數字的概念，就想當個生意人，恐怕再多的金山銀山也不夠賠。

那位事業有成的企業家說的是中肯的建議，許多成功者都不會告訴你這些，他們背後有許多雄厚的實力在支撐著他們，而他們早已經習以為常了。

一般人只看到眼前的光環，就一味想模仿對方成功的軌跡，卻看不清楚自己的實力和條件在哪裡，是否具備吃苦的決心，這樣是無法朝目標前進的。

每一個時代的環境都不盡相同，我們所聽說上一代如何白手起家的時代已經過去，現在所要承擔的風險更大，面臨的競爭者也更多。想要在某個行業殺出一條血路，要具備的條件不再這麼單純。永遠會有人盯住你，運用更多的資源來搶奪，這時你必須讓自己擁有足夠的後盾，才能去應付將來可能面臨的狀況。

的確，成功需要一股傻勁，但這股衝勁背後，你得先做好周全的計畫和考量，就像先替自己鋪設一道安全網，即使一時重挫，也有東山再起的本錢。如果「歸零」，還可以重頭出發，如果除了「歸零」還倒虧，甚至連自己的家庭都賠下去，豈不是連重新出發的機會都沒有了？

因此，在追求理想的過程中，現實也是必須兼顧的一環。你可以花很多時間去準備，但不要貿然當一個莽夫，讓自己未來陷入「萬劫不復」的地步，這才是聰明人的做法。

海明威曾在小說《乞力馬扎羅的雪》開篇，描述高山於攀登者的吸引：「乞力馬扎羅是一座海拔一萬九千七百一十英尺的長年積雪的高山，據說它是非洲最高的一座山。西高峰叫馬塞人的『鄂阿奇─鄂阿伊』，即上帝的廟殿。在西高峰的近旁，有一具已經風乾凍僵的豹子的屍體。豹子到這樣高寒的地方來尋找什麼，沒有人作過解釋。」根據喜馬拉雅資料庫（The Himalayan Database）顯示，二〇〇九年至二〇一六年共有九十八名登山者命喪珠穆朗瑪峰，而其中擔任高山嚮導的當地「雪巴人」（Sherpa）死亡率也高達百分之三十六。如果你什麼登山訓練都不做，什麼登山設備也不準備，你也可能登上珠穆朗瑪峰嗎？

有一句成語：「水到渠成。」正是說明了在追求自我，走你想走的路之前，你必須先開始佈局。即使學得一技之長，你也得要有資金和時間、精神的付出。

任何的「自雇者」都有一定的風險要面對，回過頭來說，這又跟做生意有些異曲同工之妙。「欣賞」、「羨慕」並不代表你真的「適合」走那一條路。你可以努力，但最後決定存活的還是你是否能掌握外在環境的變數。

如果別人的苦口婆心，還是阻擋不了你追求自我的夢想之路，何不先多花些時間，為實現夢想做準備，至少失敗了還有翻身的機會。千萬別把自己搞得窮途末路了，再來大喊「青春就是要熱血」這樣不切實際的話來得妥善多了！

收起比較的心態

跟自己比較，不要跟別人比較。

一個人省吃儉用，無非就是希望能過上比較好的生活，以前如果存了十萬，就開始想著如何買房了，現在則覺得悲哀，物價節節上漲，薪水還是跟十幾年前一樣，真是小老百姓的悲哀呀！

如果你很努力，好不容易把收入拉到水準，當看到那麼多人不是辛勤工作，就可以揮霍，有的小學生坐在餐廳裡，點的餐點恐怕比你還貴，還沒開始賺錢的年輕人，就已經開著跑車兜風、到國外旅遊、乘遊艇出航，心裡恐怕也會不太平衡。

別相信別人告訴你的表相，每個人的狀況、背景不同，過你該過的日子就行了。媒體一再挑起人們的欲望跟先天的遺憾，甚至「仇富」，這才是加重平民百姓痛苦的根源。

有人說：「幸福是比較出來的。」一個位於貧窮魚村的漁民來講，能擁有一艘屬於自己的漁船，已經覺得相當幸福，但某天，竟然有一艘來自西方世界的郵輪停在外海，這名漁船的主人立刻深受打擊。覺得辛苦一輩子買到的漁船，再也沒這麼快樂了。

俗語說：「人比人氣死人！」如果我們老是存著「比較」的心態，你永遠比不完。

小時候比課業，長大之後比成就，不覺得累嗎？「人外有人、天外有天」，總是會有比你更好運、或是「鑲金」「鑲銀」的人出現，硬要和對方比的話，那麼你的快樂只會不斷被剝削，你還能有好心情去做你想做的事，去實現夢想嗎？你在這邊氣結，而他人卻不痛不癢。

世界上的偉人也都不是「首富」，太過被名利沖昏頭，理想就會自然遠去。可惜的是，現在這個世界，往往用物質來肯定一個人的成就，而理想卻是難以用金錢去衡量的，因此，別太相信那種矛盾的謊言，做好你自己就行了。

多珍惜自己已經擁有的，做一個和自己賽跑的人，你不必隨之起舞，放下比較的心理，遠離那些試圖向你炫耀的人，才能排除對你生活不健康的影響。

與其跟其他人比，還不如跟自己比，比自己有沒有比一年前更有長進比之前的你更有智慧，面對問題時，是不是有更聰明的處理方式？這才是你應該比較的地方。

BLUE BOTTLE
COFFEE
Bella Donovan

不要自我設限

世界比你想像的還大，你能走的路比你想像中的還要遠。

禪宗有很多有趣的故事。

中國古代隋朝年間，有一位十四歲的沙彌，名叫道信，千里迢迢的來到禪宗三祖——僧燦的面前懇求：「大師，求求您大發慈悲，教我解脫的法門吧！」

「有誰拿繩子綁著你嗎？」大師回問。

沙彌頓了一下，回答：「沒有人拿繩子綁著我啊，大師。」

「既然沒有人綁著你，那你還求什麼解脫的法門呢？」大師喝道。

經過僧燦當頭棒喝的點化，道信當場頓悟，後來還接下僧燦衣缽，成為禪宗第四祖。

我們總是替生活築起許多的高牆，一層層把自己圍繞起來，直到看不見外面的世界，以為這樣就能阻擋一切的風雨，為自己建造一座安全的堡壘。但是，這就真的高枕無憂了嗎？

翻開歷史，文明的進步正是因為不斷打破規則，打破固有的定律，才發現很多的真相，原來不是先前所認定的，而是有更多的可能性。不管是全人類或是我們個人，其實都還能有新發現，有新的奇蹟出現，只要你不關上大門，你的人生就擁有各種的可能性。

記得有一次出國的時候，我只是簡單用原子筆畫了個「毛筆字」，旁邊的外國朋友竟然驚嘆：「你可以成為小野洋子哩！」那時我心底閃過一個念頭，我怎麼可能像這位名人？我們之間的距離如此遙遠。

但仔細想想，這也不是不可能的事。那不過是換了個環境、時空，每一個藝術家都有可能跟她一樣，甚至超越。

這就像網路還不普及的時候，在國外曾有老外向我「求字」，一個字甚至可以收到台幣兩百多塊呢！這對於在國內苦苦經營文字工作的人來說，簡直是充滿了激勵！誰說這是不可能的呢？

當我們仰望星辰，覺得那與我們的距離如此遙遠，卻早有太空人在星球上漫步了。

有些距離只是我們的想像，以為那不可能「屬於」，我一定不可能成為那樣的人，這就是先替自己設下了「藩籬」，是你把自己關進了籠子裡飛不出去，而不是你沒有翅膀。

人類的天性是追求穩定而害怕改變的，如果你天生好命、含著金湯匙出身，當然沒什麼好憂慮的，但如果不是呢？

大部分人都不是如此，許多的成功者原來也只是一個「普通人」而已。他們在追求自己的理想過程中，也是跌跌撞撞，但他們不怕做出賭注，投出籌碼，向未知的明天挑戰。所以，他們的成就也變得跟一般人不同。

當然「做自己」的目標，不是要你將目標設定為當個有錢人，或名利雙收的人物，而是實踐你的夢想，過你想過的人生。這也是一種成就，對自我的肯定。

當你開始有怨言、對生活感到不滿意時，夢想便逐漸成形。你知道那可以豐富你的生命，為生活灌注一股活力，為什麼又要讓自己侷限在一個小小的框框裡呢？

事實上，你只需要一點小小的夢想，勇敢踏出舒適圈，你將會發現到自己可以做到的，遠比你想像的還要多。

腳踏實地當然很好，但請繼續往前邁進，而不是畫地自限，在固定的範圍裡繞圈，所謂「逐夢踏實」正是這個道理。

必要的隔離

保持距離反倒能看清楚真相。

相信有不少人跟我一樣，很喜歡認識新的朋友，願意對人敞開心胸，沒有預設立場，這樣子通常讓你很容易跟別人親近，就跟孩子一樣天真。

但事實上，我們已經長大，在成人的世界，已經不再那麼單純可靠，以為每個人會對你坦誠以待，有些甚至還存有著惡意的動機，等待著機會出手。那麼，我們就不要相信人，不要結交新朋友了嗎？當然不是！而是在你還完全不了解對方之前，先保持一顆防備之心，這是必要的。

這不是要你疑神疑鬼，搞得好像每個人都要來害你似的，而是先跟他人保持一段距離。這距離是為了保有你自己，讓你先摸清楚對方是「同路人」

還是別有居心？等你知道對方的為人，再進一步決定要不要掏心掏肺。

尤其是當你想做自己時，這表示你有特別的想法，你跟很多人不一樣，那麼，更別讓那些雜音干擾你。

沒有人會喜歡自己平靜的生活受到干擾，或是有人在旁邊一直幫你洗腦，動搖你的意志。然而，就是有這麼些人，專門以打擊別人作為樂趣、或藉以提高身價，這就是一般人口中的「小人」。

小人之所以會被稱為「小人」，當然是一開始不會讓你發現，就像原野中潛伏在草叢裡的獵食動物一樣，他們總是伺機而動，等待最佳出手機會。而每個人都有弱點，尤其當我們專心在做自己的事情時，可能失去了防備，正好被小人有機可圖。

別人能夠傷害你到什麼樣的層次，當然也跟對方涉入你的生活有多深有關。你不能一味怪自己運氣不好、怪自己交友不慎，自己多少也要負一些責任。就是因為當初毫無顧忌、敞開心扉的是你，為什麼你不在受傷害前事先做好預防？

這並非要評判受害者，正所謂「預防勝於治療」，許多的壞事一開始多少會露出些跡象，如果你能保持一些距離，才能看得更清楚。最怕是你總是太天真，讓任何陌生人都能輕易靠近你，介入你的生活，等真的「中計」之後要解決就得付出更多的力氣。

「害人之心不可有，防人之心不可無。」我們想要當好人，也要當一個懂得保護自己的好人。

古言就說：「逢人且說三分話，未可全拋一片心。」已經在告訴我們，不要一下子就把自己完全坦誠，讓人一下子全看穿，每個在社會上走動的人，都要懂得保護自己，適當的防衛心是該有的。

我們不用把所有的人都當成壞人，但是要時時提高警覺倒是真的，尤其是在那些跟我們有利益的事情上面，更是不得不謹慎。交友前多幾分謹慎，也總比事後懊惱來得好。

過自己的生活

金錢是來服務我們的，而不是我們去服務它。

我們都在過生活，但過得是我們所想要的生活嗎？

現在的人，為了房貸、車貸、小孩子的奶粉錢，每天一張開眼睛，就是忙著工作、賺錢，完全忘了最初賺錢的目的是什麼？

當然你可以說，賺錢是為了繳清每個月的帳單，但不如說，是為了讓自己過得更好，也可以說我們賺錢的目的，其實是為了讓我們生活得更好，過我們想要的生活。前題是，賺來的都是我們的良心錢，是我們認真工作賺來的錢。

只是，很多人都忘了這一點，每天只是為了賺錢而賺錢，覺得賺到很多錢就滿足了，而忘了一開始賺錢的目的，其實是為了提高自己的生活品質。

比如說，求學的時候，因為經濟掂拮，連一碗牛肉麵都吃不起，只能點陽春麵，等到變成社會人士，可以吃好一點了，不只牛肉麵，偶爾還可以吃牛排犒賞一下自己。一個用了十多年，可能有缺角的杯子，如果有能力的話，不妨換個新的。當然節儉是好事，但是如果買了一個精緻的杯子，在我們喝茶的時候，欣賞著它的美麗，也可以提升我們的美感與品味。

我並非鼓吹浪費，而是在經濟條件許可的狀況下，為什麼不讓自己的生活過得更好一點呢？

「做自己」是不讓自己被生活驅使，為了帳單而不得不拚命賺錢，成為金錢的奴隸；做自己，是你在金錢的條件當中，如何利用預算去提升自己的生活品質。

就像很多老人家，不敢買好的、新的東西，覺得那是「浪費」，而他們可能有兩、三棟房子出租；也有老人看似以拾荒過活，可是他銀行的存款可能比你我都還要來得多呢！只是他們年輕的時候苦慣了，被金錢綑綁住了，以至於他們沒辦法真正的做自己。

現在的年輕人可以接受新思維，願意讓新的東西流入生命，只是有時候受限於經濟條件，也不敢鋪張。

其實，只要是自己的能力所及，花點心思，有時候不一定要購買新東西，也可以自己動手做，能讓我們的生活更豐富，讓自己心靈滿足，這也是一種做自己。

過自己的生活，是讓自己在每一天都能在愉快中度過，是一種心靈上的喜樂。

人生不是只有賺錢這回事，「賺自己的快樂」也是很重要的，只是如果你想要的快樂，跟金錢有關係的話，建議要注意預算，否則賺到的快樂是當下，而不是長久的，那就顛倒本末了。

國家圖書館出版品預行編目資料

親愛的，你可以不那麼堅強 / 徐竹著．——初版——新北市
：晶冠，2018.12
面；公分．——（時光菁萃系列 ；4）

ISBN 978-986-96429-6-5（平裝）

1. 修身　2. 生活指導

192.1　　107019456

時光薈萃 04

親愛的，你可以不那麼堅強

作　　者　徐竹
副總編輯　林美玲
特約編輯　傅嘉美
校　　對　謝函芳
封面設計　王心怡
照片版權　Shutterstock, Inc.
出版發行　晶冠出版有限公司
電　　話　02-7731-5558
傳　　真　02-2245-1479
E-mail　ace.reading@gmail.com
部 落 格　http://acereading.pixnet.net/blog
總 代 理　旭昇圖書有限公司
電　　話　02-2245-1480（代表號）
傳　　真　02-2245-1479
郵政劃撥　12935041 旭昇圖書有限公司
地　　址　新北市中和區中山路二段352號2樓
E-mail　s1686688@ms31.hinet.net
旭昇悅讀網　http://ubooks.tw/
印　　製　福霖印刷有限公司
定　　價　新台幣250元
出版日期　2018年12月 初版一刷
ISBN-13　978-986-96429-6-5